미국을 만든 사상들

차례
Contents

건국기 정치사상의 중요성

    지난 2000년의 미국 대통령 선거는 여러모로 충격으로 다가왔다. 무엇보다 대통령 당선자가 가려지지 않은 상황이 한 달 반이 넘게 지속되는데도 불구하고 폭력사태 하나 없이 평온을 유지하는 미국 사회의 정치적 안정성과 체제의 견고함은 정말 괄목할 만한 것이었다. 다른 한편으로는 미국의 정치체제에 대한 우리 사회의 인식이 거의 무지에 가깝다는 것을 알게 되어 놀라움을 금치 못했다. 미국 대선 당시 우리나라에서는 교수들을 비롯한 지식인들이 신문이나 언론매체를 통해, 미국이 왜 컴퓨터 시대인 오늘날에 200년도 더 된 헌법에 따라 간선제를 하는지 이해할 수 없다는 주장에서부터 심지어는 선거인단제도를 폐지해야 한다는 주장에 이르기까지, 미국인의 입장에서 보자면 좀처럼 이해하기 힘든 주장들을 펼쳤는데, 이는 미국의 정치체제에 대한 인식이 거의 없는 데서 비롯된 것이었다.

이 일들을 통해서 필자는 우리나라 대부분의 지식인이 미국의 정치체제가 연방제이며, 이 연방제는 13개 '나라(state)'* (이하 *표시는 용어해설 참조)의 연합이던 미국이 하나의 연방(Union)으로 거듭나는 헌법제정 과정에서 '발명'된 체제라는 것, 그리고 선거인단제도는 이러한 연방제의 산물 가운데 하나라는 것 등을 제대로 인식하지 못하고 있다는 사실을 깨달았다. 공화당 후보인 조지 부시(George W. Bush)와 민주당 후보인 앨 고어(Al Gore) 가운데 누가 대통령이 되느냐에 따라 한반도의 명운이 상당 부분 바뀔지도 모르는 일이었다. 이런 판국에 선거인단제도의 가장 큰 피해자인 앨 고어 자신도 대선제도 자체는 전혀 문제삼지 않고 있는데, 우리나라 중앙 일간지에 선거인단제도를 폐지해야 한다고 주장하는 논설이 버젓이 실린 것은 미국에 대한 우리의 이해 수준을 보여주는 사건이라 할 만하다. 미국에 대한 우리의 이해가 이제 '무지'의 단계를 지나 '오해'의 단계로 들어섰다는 느낌을 받았다면 이는 지나친 우려일까?

어쨌거나 이를 계기로 필자는 미국혁명기 및 건국 초기의 정치사와 현대 미국 정치가 접목되는 부분에 관해 지속적으로 연구하는 동시에, 그 연구의 결과를 널리 알려야 할 필요성을 절감했다. 필자는 미국혁명기 및 건국 초기의 정치사를 규명하는 작업을 꾸준히 해왔는데, 이는 2000년 미국 대통령 선거의 개표 과정에서 여실히 드러난 미국의 법치주의, 삼권분립 등 '미국식 민주주의'를 지탱해주는 가장 핵심적인 요소들이 바로 혁명기 및 건국 초기에 형성되었다고 믿기 때문이다. 잘 알려진 대로 미국의 정치체제는 헌법에 그 기반을 두고 있다. 미국 헌법은 18세기 말에 제정된 이래 오늘에 이르기까지 200년이 넘게 본래의 모습을 고스란히 간직하고 있으며, 시대의 흐름에 맞추어 몇몇 수정조항이 덧붙여졌을 뿐이다. 이는 현대 미국 정치의 제도적 연원이 미국혁명과 그 혁명의 성과물인 헌법이 제정된 18세기 말에 있다는 뜻이다. 그러므로 오늘날의 미국을 제대로 이해하기 위해서는 미국의 형성, 즉 혁명과 헌법제정을 통한 국가건설(nation-building)을 먼저 이해해야 한다.

18세기 후반에 아메리카 식민지인들을 혁명으로 몰고 간 사상은 무엇인가? 헌법을 제정하는 과정에서 미국인들은 왜 갈등하고 대립했는가? 그리고 그 쟁점은 무엇이었는가? 이것이 이 책에서 필자가 나름대로 대답을 제시해보려는 문제들이다.

미국혁명기 : 자유주의인가 공화주의인가

　　미국의 제2대 대통령인 존 애덤스(John Adams)는 미국혁명
이 끝나고 오랜 시간이 흐른 뒤에, 한 편지에서 "혁명은 사람
들의 마음속에 있었다"고 썼다.[1] 애덤스의 말이 사실이라면,
본국인 영국정부와 아메리카 식민지인들 사이에 불화가 싹튼
1760년경부터 렉싱턴에서 민병대가 영국군과 충돌한 1775년
까지 식민지인들은 마음속에 어떤 생각을 품고 있었을까? 그
동안 그들의 생각은 어떻게 변화하고 발전했는가? 무엇이 그
들을 혁명으로 내몰았는가? 다시 말해서 미국혁명의 시대를
살고, 그 혁명에 참여했던 사람들의 지배적인 관념과 신념은
무엇인가?

　　1960년대까지만 해도 미국혁명기의 지배적인 이상은 자유

주의이며, 자유주의자 존 록크(John Locke)가 18세기 미국의 정치사상을 지배한 유일한 정치이론가라는 것이 '정설'의 자리를 차지하고 있었다. 루이스 하츠(Louis Hartz)도 그의 저서 『미국의 자유주의 전통 The Liberal Tradition in America』(1955)에서 미국인에게 유일한 정치이론가는 영국의 자유주의자 존 록크였다고 주장했다. 그에 의하면 미국의 사상은 다른 어떤 정치이론도 살아남을 수 없을 만큼 처음부터 록크의 사상에 의해 지배되었다는 것이다.[2] 역사학자 칼 벡커(Carl Becker)는 미국혁명기의 대표적 인물인 토마스 제퍼슨(Thomas Jefferson)이 록크의 자유주의에서 영향을 받았다고 파악했다. 벡커는 제퍼슨이 1776년에 작성한 「독립선언서」에 나타난 정치사상을 연구하고 나서, 1776년 이전의 '건국의 아버지들(Founding Fathers)'은 록크의 직접적인 영향을 받았다고 주장했다. 특히 그는 「독립선언서」 작성과 관련해서 "제퍼슨이 록크를 (그대로) 베꼈다"고 결론지었다.[3] 즉, 록크로 대변되는 자유주의가 미국혁명의 중심 사상이었다는 것이다. '록크가 유일한 존재(Locke et praeterea nihil)'가 문자 그대로 18세기 미국 정치사상 연구의 좌우명이었다.

그러나 1960년대 후반부터 '공화주의적 수정론자'로 불리는 여러 학자들이 18세기의 영국과 미국의 정치사상을 근본적으로 재해석함으로써 소위 '정설'은 무너지고 말았다. 이들은 자유주의 대신에 공화주의를 강조하고 나섰다. 즉, 록크로 대변되는 자유주의가 아니라 공화주의가 미국혁명의 사상적 뿌리라는 것이다. 이들 수정론자들에 의하면 18세기 말~19세기 초의 미국인들은 공적(公的) 미덕, 즉 개인이 사적(私的)인 이해관계를 공동체의 이익을 위해 기꺼이 종속시키는 것을 강조하는 신념체계, 다시 말해 공화주의를 고수했다.

그러나 미국혁명과 초기 미국에 대한 이들의 공화주의적 해석은 거센 비판을 받았다. 조이스 애플비(Joyce Appleby)를 비롯한 자유주의의 주창자들은 이 시기의 미국인들이 공격적 개인주의, 경쟁적 물질주의, 개인의 권리, 실용적 이익집단정치 등을 강조하는 근대적 이데올로기를 신봉했다고 주장하면서, 이 시기의 자유주의의 중요성을 다시금 강조하고 나선다.

결국 미국혁명기의 정치사상이 무엇인가라는 의문은 공화주의와 자유주의 가운데 어느 것이 당시의 지배적인 이데올로기였는가 하는 문제로 귀결되고 만다. 따라서 여기서는 공화주의적 수정론과 그에 대한 비판을 중심으로 이야기를 풀어나가려 한다. 수정론은 언제, 어떻게 대두했는가? 수정론을 둘러싼 논쟁은 어떻게 전개되었으며, 마침내 어떻게 마감되었는가? 이 과정을 밝힘으로써 혁명기 미국의 정치사상이 무엇인가라는 질문에 답할 수 있을 것이다.[4]

공화주의적 수정론의 대두

공화주의적 수정론을 이야기하기에 앞서 미국혁명기에 자유주의와 공화주의가 각각 어떠한 사상이었는가를 살펴보자.

자유주의는 이미 잘 알려진 대로, 그 사상적 뿌리를 존 록크에 두고 있는 사상체계로서, 계약에 의한 정부의 형성, 인민의 양도할 수 없는 권리, 소유권의 보장, 폭정에 대한 저항권 등을 주요 내용으로 한다.

공화주의는 비교적 낯선 개념이므로 보다 자세한 설명이 필요하다. 공화주의는 자유주의와는 달리 고대와 근대의 여러 사상이 혼합되어 있는 사상체계이다. 고대의 공화정이론은 15세기 말, 16세기 초 르네상스 시대 이태리의 도시공동체적 인문주의자들(civic humanists), 그 가운데서도 마키아벨리(Niccolo Machiavelli)의 저술에 의해 전승되었다. 그 후 17세기 중엽에 이 공화정이론을 계승한 영국의 사상가 해링턴(James Harrington)이 이를 영국 실정에 맞게 변형시켰다. 18세기 초 영국의 반정부 논객(論客)들은 이 사상을 발전시켜 월폴(Sir Robert Walpole)*정부에 맞서 싸우는 자신들의 활동 기반으로 삼았다. 공화주의 사상에 따르면, 이상적인 정치체제는 미덕(virtue)을 지닌 시민들이 공공의 이익을 실현하기 위해 개인의 이익을 버리고 적극적으로 정치에 참여하는 체제, 즉 공화정이었다. 다시 말해서 공화정이란 그 목표가 공익을 구현하는 데 있는 정부를 가리키는 말이었다. 그러므로 공화정체제가 존속하느냐, 아니면 멸망하느냐는 공화국의 구성원들이 얼마나 개인의 이익, 즉 사리사욕을 버리고 공익을 위해 헌신하는가에 달려 있었다. 이렇다보니 공화국은 매우 취약해서, 통치자가 사리사욕에 빠져 권력을 남용하거나 통치를 받는 시민, 즉 피치자(被治者)가

사리사욕에 빠져 미덕을 저버리게 되면 언제라도 소멸의 길을 걷게 될 가능성이 있었다. 그러므로 공화국의 멸망을 막으려면 한편으로는 통치자가 권력을 남용하지 못하도록 항상 감시하고, 다른 한편으로는 시민의 미덕을 유지할 방안을 찾아내야 했다.

공화주의는 정치의 세계를 '권력(power)'과 '자유(liberty)'라는 본래 적대적인 두 개의 영역이 상호 대립하는 세계로 파악하고 있었다.5) 그런데 '권력'은 언제나 '자유'를 침해하고 파괴하려 하기 때문에 '자유'는 늘 '권력'을 감시해야만 했다. '자유'를 잃게 되면 공화국에는 부패가 만연되어 마침내 멸망하고 말 것이기 때문이다. 공화국의 멸망을 막기 위해서 통치자가 권력을 남용하지 못하도록 온 힘을 다해서 감시해야 하는 까닭이 여기에 있었다.

한편 공화국의 존망은 시민에게 미덕이 있고 없음에도 달려 있었다. 시민의 미덕이란 공공의 이익을 위해 개인이 자신의 이익을 희생하고 공화국의 복리를 위해 헌신하는 것을 의미했다. 그리고 공화주의에서 말하는 자유란 시민의 개인적인 자유와 권리를 보호하는 자유를 뜻하는 것이 아니라 개인의 이익을 포기하고 공공의 이익을 위해 헌신하는 자유, 즉 정치 참여를 뜻하는 것이었다.6) 이처럼 미덕과 자유는 떼려야 뗄 수 없는 관계였으므로 공화국은 시민에게 미덕을 지니고, 그 미덕을 유지할 것을 요구했다. 이상이 공화주의사상의 요약이라 할 수 있다.

앞에서도 말했듯이 록크가 18세기 미국의 정치사상에서 특별히 권위 있는 사상가이며, 록크로 대변되는 자유주의가 미국혁명기의 유일한 정치사상이라는 이른바 '정설'에 도전하여, 1960년대 후반부터 자유주의가 아니라 공화주의가 미국혁명세대 전체의 독특한 정치적 의식이라고 주장하는 학자들이 여럿 등장했다. 이들을 뭉뚱그려 공화주의적 수정론자라고 부른다. 이들 수정론자는 자유주의 대신에 고전적 공화주의와 도시공동체적 인문주의를 강조했으며, 록크 대신에 월폴시대의 반정부 논객들인 '커먼웰스맨(the Commonwealthmen)'*에 초점을 맞추었다.

이처럼 역사 연구에 있어 큰 변화가 이루어진 것은, 미국혁명을 연구하는 학자들이 그 시대를 이해하기 위한 주된 수단으로, 혁명에 참여한 사람들이 그들 자신의 시대를 어떻게 보았는가를 재구성하려고 노력했기 때문이다. 그 결과, 사람들은 18세기 말의 미국 사회에 대한 동시대인들의 인식 형성에 있어 공화주의라는 독특한 사상체계가 얼마나 중요한 역할을 했는가를 새로이 깨닫게 되었다.

18세기 말, 영국 커먼웰스맨의 사상에서 큰 영향을 받은 아메리카 식민지인들은 공화국이 살아남느냐 망하느냐는 공화국을 구성하는 시민의 성격과 자질에 달려 있다고 믿었다. 검소, 근면, 독립심, 용기 등에서 뛰어난 시민은 공화국에 적합한 자질을 지니고 있다. 사치를 추구하는 시민은 공화주의사회를 유지하고 방어할 의지도 능력도 잃게 된다. 공화국은 끊임없이 공격해오는 권력의 세력으로부터 자유의 영역을 계속해서 방어함으로써만 살아남을 수 있다. 쇠퇴하고 부패한 유럽 사회와는 정반대로 시민들이 강건함과 미덕을 유지하는 한, 아메리카는 자유의 거점으로 남아 있게 될 것이었다. 아메리카 식민지인들이 보기에, 영국왕 조지 3세는 권력을 남용함으로써 이미 영국 본국의 정치체제를 부패시켰을 뿐 아니라 나아가 식민지인들을 노예로 삼을 음모를 꾸미고 있었다. 자유를 앗아감으로써 식민지의 공화주의 질서를 파괴하려는 영국왕과 전제정체제에 맞선 식민지인들은 혁명을 일으켰으며, 마침내 압제로부터 식민지를 구해냈다.

그렇다면 아메리카 식민지인들이 영향을 받았다는 영국의 커먼웰스맨은 어떠한 사람들이며, 그들의 사상은 무엇인가? 커먼웰스맨은 부패로 물든 18세기 전반기 영국 정치를 비판한 논객들을 가리킨다. 18세기 전반기 영국은 월폴의 시대라고도 불리는데, 월폴은 조지 1세와 2세 두 왕 밑에서 정치를 주도하면서 영국 정치를 조직적, 체계적으로 부패시켰다. 오죽했으면 이 시대에 뇌물, 부패, 사기, 속임수가 정치라는 기계의 톱니바퀴와 지렛대라는 말까지 나왔을까. 커먼웰스맨으로 알려진 일군의 논객들은 부패한 의회제도에 대해서, 그리고 그로 인해 개인의 자유가 위험에 처하게 된 것에 대해서 거세게 비판하는 글을 썼다. 특히 트렌차드(John Trenchard), 고든(Thomas Gordon), 볼링브로우크(Bolingbroke) 자작 등의 반정부 사상가들은 도시공동체적 인문주의에 크게 의존했다.

도시공동체적 인문주의는 고대 그리스와 로마 및 르네상스 시대의 공화주의사상이 혼합된 것으로, 인간을 공공생활에의 참여와 공화국에서의 능동적인 시민활동을 통해서만 스스로를 실현하는 정치적인 동물로 간주한다. 미덕을 지닌 사람은 사적(私的)이거나 이기적인 목적에는 관심을 갖지 않고 주로 공동선(共同善)에 관심을 갖는다. 해링턴, 시드니(Algernon Sidney) 같은 17세기 영국 사상가들은 이러한 공화주의 전통을 영국이라는 특정한 상황에 맞게 고쳤다. 이 영국판 도시공동체적 인문주의는 이들 커먼웰스맨의 저술을 통해서, 월폴의 궁정파(the Court)에 맞서 싸웠던 지방파(the Country) 이데올로기의 핵심 이념이 되었다.

커먼웰스맨은 변화 자체를 위험시하던 시대에 양심의 자유를 외쳤던 '행동하는 소수'였다. 이들은 월폴에 의해 주도된 내각의 발달을 정치체제의 균형에 대한 위협으로 간주했다. 또한 이들은 삼권의 분립과 공직교대제를 믿었으며, 의회의 개혁, 의석의 재분배, 매년 선거 등을 주장했다. 이들은 영국 왕과 의회에 의해 행해지고 있는 부패의 증대와 전제정에 맞서 사상의 자유와 인민주권을 위해 투쟁했다. 그런데 그들의 저술은 영국에서는 별로 영향력이 없었으며, 정치적으로도 거의 성공을 거두지 못했다. 그 이유는 당시의 영국인들이 자신들을 지상에서 가장 자유로운 인민이라고 여겼기 때문이다.

하지만 커먼웰스맨이 쓴 논설과 팸플릿 등은 18세기 말까지 아메리카로 계속해서 유입되었으며, 그곳에서 엄청난 인기를 누렸다. 그들이 쓴 글의 주요 테마는 권력분립, 자연권, 공직교대제, 종교의 자유, 독재에 대한 저항권 등 혁명적인 것이었다. 그들의 글 가운데 아메리카 식민지에서 가장 호소력이 있었던 것은, 만일 영국의 신민(臣民)들이 경계를 게을리 하면 압제자에게 그들의 자유와 재산을 빼앗길 것이라는 경고였다. 만일 아메리카 식민지인들이 경계를 게을리 하면, 역시 영국 왕이라는 압제자에게 자신들의 자유와 재산을 빼앗기고 노예로 전락하고 말 것이 아닌가? 영국 본국에서는 별로 호응을 얻지 못했던 커먼웰스맨의 사상은 이처럼 18세기 말에 아메리카 식민지에서 열렬히 수용되었다.

그런데 커먼웰스맨의 사상은 언제, 그리고 어떤 경로를 거쳐서 아메리카로 건너왔는가? 이를 밝혀낸 사람은 하버드 대학교 교수이자 미국 지성사 연구의 거장인 베일린(Bernard Bailyn)이었다. 그는 미국혁명과 관련해 1776년에 식민지에서 출간된 400편이 넘는 팸플릿을 연구한 끝에 미국혁명 이데올로기의 실체를 제공한 것은 18세기 영국 커먼웰스맨의 반정부 사상임을 밝혀냈다. 그에 의하면 커먼웰스맨의 문헌이 18세기 초에 아메리카로 급속히 전달되었으며, 이 사상은 식민지에서 비로소 그것이 영국 내에서는 누리지 못했던 중요성, 즉 정치와의 연관성을 지니게 되었다. 식민지의 팸플릿 저자들은 영국 반정부 저술가들의 문헌으로부터 자유와 권력의 영원한 대립, 권력의 공격적 특성 등을 강조하는 사회이론을 조합해냈던 것이다. 그리하여 아메리카 식민지인들은 프렌치-인디언

전쟁(1754~1763) 이후 영국이 취한 행동을 식민지인들의 자유를 파괴하려는 고의적인 음모라고 보았다. 베일린이 보기에 미국혁명의 발발은 사회적 불만이나 경제적 불안의 결과가 아니었다. 오히려 1760년대와 1770년대 식민지의 저항은, 독단적이고 비열하며 걷잡을 수 없는 권력의 행위에 대한 응전이었다.[7]

베일린의 주장의 요점은, 미국혁명세대의 정신을 형성한 것은 록크의 후계자가 아니라 트렌차드, 고든, 볼링브로우크 자작 등 18세기 초 영국의 지방파 논객들이었다는 것이다. 물론 베일린이 18세기 미국에서의 록크의 영향력을 전면적으로 부정한 것은 아니다. 그는 미국혁명의 이념적 기원을 찾으려는 자신의 연구 과정에서 혁명기의 수많은 팸플릿이 자연권에 관해서, 그리고 계약 및 정부계약에 관해서 록크를 인용하고 있다는 것을 발견했다. 그러나 그가 록크 이외에도 그토록 많은 사상가들이 중요했다는 것을 부각시키면서, 록크가 유일한 존재라는 식의 해석은 사라지게 되었다. 이러한 베일린의 분석은 그야말로 "혁명해석의 새로운 패러다임"을 창안한 것이었다. 이제 록크의 자유주의 대신에 영국의 공화주의이론이 "미국혁명의 비밀을 푸는 열쇠"가 되었다.[8]

미국 공화주의의 기원을 르네상스 시대까지 끌어올린 사람은 역사가 포콕(J.G.A. Pocock)이다. 포콕은 공화주의 패러다임의 거물로, 공화주의 해석을 세계사적인 규모로 확대시킨 인물이다. 그는 르네상스의 도시국가인 피렌체까지 소급해 올라가 마키아벨리 시대 도시공동체적 인문주의의 부활에서 공화주의의 기원을 찾는다. 그에 의하면 미국혁명세대의 배후에는 영국의 지방파 저술가들이 있으며, 지방파의 배후에는 제임스 해링턴이, 해링턴의 배후에는 마키아벨리와 도시공동체적 인문주의가 있다는 것이다.9) 피렌체 최고의 도시공동체적 인문주의자인 마키아벨리는 공화주의정부의 본질─어떠한 조건이 공화주의를 가능하게 하는가, 어떠한 환경이 공화주의의 번영 혹은 쇠망을 가져오는가─을 이해하려고 노력하였다. 포콕은 왕정복고 이후 영국의 각료들이 후원제도와 매수를 통해서 의회를 지배하는 것을 막고자 했던 사람들이 어떻게 미덕을 갖춘 독립적인 시민이라는 도시공동체적 인문주의의 이상(理想)에 의지하게 되었는가를 보여준다. 포콕에 의하면 의원들의 독립 가치를 긍정하는 야당 지도자들은 그들 자신을 지방파라고 불렀으며 각료들을 궁정파라고 불렀다. 지방파는 상비군에 대해서, 그리고 국채(國債)와 중앙은행을 통해 정부가 재정 문제에 관여하는 것에 대해서 의구심을 가졌는데, 이는 지방파가 그것들을 공화국을 부패시키는 제도로 여겼기 때문이었다. 또한 상업적 번영이 공화국의 힘을 약화시킨다고 본 지방파는 상업주의보다는 농촌의 미덕을 선호했다.

이처럼 포콕은 18세기를 지배하던 정치언어가 미덕, 부패, 개혁 등 마키아벨리의 언어라는 것을 일관되게 보여주고 있다. 그러니 거기에 록크가 발붙일 자리라고는 없었다. 포콕은 초기 저술에서 록크를 전혀 다루지 않았는데, 이는 록크가 18

세기의 미국 역사와 전혀 무관하다고 여겼기 때문이다. 미국의 건국기(建國期)를 포함해서 18세기의 정치논설을 이해하기 위해서 록크를 참조할 필요는 전혀 없었다. 그가 보기에 록크와 록크의 자유주의가 18세기 미국에서 영향력을 행사했다는 것은 하나의 신화에 불과했다. 오히려 영향력을 행사한 것은 마키아벨리와 그의 고전적 공화주의였다.

포콕에 따르면 미국혁명은 미덕을 지닌 식민지인들이 영국이라는 부패한 의회제국에 대항한 것으로, "미덕의 쇄신에 대한 공화주의적 믿음"이었다.[10] 일찍이 볼링브로우크는 미덕을 지닌 지방파와 부패한 궁정파라는 이분법을 통해서 18세기 초의 영국 정치를 해석했다. 포콕은 이 볼링브로우크의 이분법을 18세기 전체에 걸친 영국과 미국의 정치를 분석하는 패러다임으로 발전시켰던 것이다.

공화주의적 수정론에 대한 비판

베일린과 그 추종자들의 공화주의 역사해석은 역사학계에 엄청난 영향을 미쳤다. 이후에 간행된 초기 미국에 관한 많은 글들이 그들이 제시한 주요 해석에 입각해서 쓰여졌다. 많은 학자들이 베일린과 포콕의 통찰을 18세기 말과 19세기 초 미국의 여러 측면에 적용했다. 이러한 노력으로 오랫동안 풀지 못하던 역사 문제에 서광이 비쳤으며, 새로운 연구의 길이 열렸다.

이처럼 공화주의 패러다임이 미국혁명에 대한 역사가들의 이해를 풍부하게 한 것은 사실이지만, 이 패러다임에 대한 비판도 적지 않다. 미국혁명이 커먼웰스맨이나 지방파와 같은 영국인들의 사상에서 힘을 부여받았다고 주장하는 것은 수정론자들에게는 이미 공식처럼 되어버렸다. 하지만 그들은 혁명을 지나치게 지성화(知性化)했다는 비난을 면하기 어렵다.

사상이 인간의 행동을 결정하는 데 중요한 역할을 한다고 믿는 수정주의자들은 미국혁명에서도 사상이 절대적으로 중요했다고 파악한다. 베일린, 고든 우드(Gordon Wood) 등의 이른바 사상학파는 미국혁명이 인간 사고의 총체적 복합체, 즉 이데올로기가 일으킨 급진적 사상혁명이라고 주장했다. 하지만 사상이 인간의 행동을 결정했다고 보는 사상학파에 맞서서 조이스 애플비(Joyce Appleby)는 사상 자체를 혁명의 원인으로 볼 수 있는가에 대해 의구심을 나타낸다. 다시 말해 애플비는 영국의 커먼웰스맨의 전통은 그것만으로는 인간을 움직이게 할 수 없는, 수동적 개념의 복합체라고 보는 것이다. 게다가 미국혁명의 정신을 영국의 몇몇 논객의 글에서 찾아내려고 한 그들의 행위는 18세기 말 미국의 지성사 연구를 지나치게 단순화했다는 비판을 면하기 어렵다. 록크의 영향력을 지나치게 강조하는 루이스 하츠 식(式) 패러다임의 단순화가 커먼웰스맨 또는 지방파 사상가들을 강조하는, 소위 '반동 단순화'를 가져왔던 것이다. 공화주의적 수정론을 자세히

들여다보면, 그것은 마치 팸플릿의 형태로 포장된 혁명의 정신이 18세기 말에 배를 타고 대서양을 건너서, 식민지 사회라고 하는 머리가 없는 몸통에 이식되었다고 주장하는 것이나 다름없다.[11]

뭐니뭐니해도 수정론에 대해 가장 강력한 비판을 가한 것은 자유주의가 18세기에, 특히 미국혁명을 전후한 시기에 미국의 지배적인 정치사상이었음을 강조하는 학자들이다. 공화주의 패러다임에 대한 최고의 비판자는 역사가 애플비다. 그녀는 독립혁명 이후의 미국을 특징짓는 것이 자유주의라고 믿고 그 기원을 찾아 나선다. "만일 고전적 공화주의가 아메리카 식민지의 사상을 지배했다면 독립 이후에 그토록 빨리 꽃을 피운 자유주의의 뿌리는 어디 있는가?"라는 의문이 그녀의 연구의 출발점이었다.[12]

애플비는 아메리카 식민지가 근대화 과정을 겪음에 따라 공격적 개인주의, 낙관적 물질주의, 실용적 이익집단정치 등의 자유주의사상이 대두했다고 주장한다. 그녀에 의하면 아메리카 식민지의 중·하층민들은 근대의 여러 공격적인 특성에 직면해서 자신들의 기회를 증진시키기 위해 17세기 영국의 경제문헌에 의존했다. 이 문헌들에 나타난 자유주의사상이, 공화주의에 관한 사상과 마찬가지로 대서양을 건너 일부 아메리카 식민지인의 의식을 형성하는 데 도움이 되었다. 그리하여 그들은 '자유주의적 공화주의'를 주창하면서 저항운동을 혁명으로 바꾸었고, 그 혁명은 근대적 자유주의를 탄생시켰다.

그러므로 애플비의 해석에 따르면, 초기 미국은 정치적으로는 자유주의, 경제적으로는 자유시장 자본주의사회였는데, 이는 자유주의와 자유시장 자본주의가 평민을 전통적 권위와 위계질서로부터 해방시켰기 때문이었다. 초기 미국에서는 정치 참여와 공적 미덕을 강조하는 공화주의보다는 이러한 자유주의와 자본주의가 평민들의 마음을 끌었다는 것이다.[13]

그 밖에도 공화주의 패러다임을 비판하는 연구가 쏟아져 나왔다. 이들 가운데 일부 학자는 공화주의 패러다임의 긍정적인 측면을 인정한다. 공화주의적 수정론자들이 18세기 초에 있어서의 록크사상의 중요성을 깎아내렸지만, 그럼으로써 그들은 록크보다 더 오래된 정치적·문화적 이상(理想), 즉 도시 공동체적 인문주의가 18세기 초의 정신세계를 지배하고 있었다는 것을 우리에게 깨우쳐주었다는 것이다. 그런 의미에서 수정론이라는 역사 연구의 대변동은 정말로 놀랄 만한 것이었으며, 18세기의 이데올로기의 흐름에 대한 우리의 인식을 날카롭게 했다는 것이다.

하지만 18세기 말에 록크가 사멸했다는 수정론의 주장에 대해서 자유주의의 주창자들은 매우 비판적이다. 수정론자들이 록크를 너무 많이 평가절하함으로써 미국혁명과 건국에 있어 자연권 철학이 중요한 존재였음을 사실상 부인했다는 것이다. 다시 말해서 수정론이라는 새 빗자루가 많은 진실까지 쓸어내 버렸다는 것이다. 그들의 분석에 따르면 미국혁명의 지도자들은 자연권에 입각한 주장을 펼쳤으며, 지방파처럼 전

(前)근대적인 것에 관심을 쏟기보다는 매우 근대적인 사회경제적 불만에 관심을 쏟고 있었다. 록크가 18세기 초의 지방파 이데올로기에서 중요하지 않았다는 것은 그들도 인정한다. 그러나 미국혁명과 산업혁명이라는 두 가지 커다란 역사적 사건이 전개되기 시작한 1760년

알렉산더 해밀턴. 헌법을 옹호하는 논설집 『연방주의자』의 주요 필자이다.

대를 전환점으로 해서 록크사상이 극적으로 복귀했다는 것이다.[14] 실제로 미국혁명 초기에 제퍼슨이 기초한 「독립선언서」(1776)나 제임스 매디슨(James Madison)*과 알렉산더 해밀턴(Alexander Hamilton)* 등이 미국 헌법을 옹호하기 위해 쓴 논설집 『연방주의자 The Federalist』(1788)*에서 록크의 자유주의 요소를 찾아내는 것은 매우 쉬운 일이다.

애플비는 수정론이 등장하기 이전의 미국인 저술가들을 '물을 알지 못하는 물고기'에 비유했다. 그들은 자유주의 세계 속에 살면서도 공화주의가 명백히 묘사되고 나서야 비로소 자신들의 사고(思考)에서, 그리고 18세기 정치논설 속에서 자유주의의 요소를 찾아낼 수 있었다는 것이다.[15] 결국 자유주의에 대한 대안으로 형성된 공화주의 패러다임은, 본래 그것이

회피하려고 했던 자유주의의 존재를 재확인하는 결과를 가져옴으로써 혁명기 및 초기 미국에 대한 우리의 이해를 풍부하게 했다.

이처럼 자유주의의 중요성을 다시금 강조한다고 해서, 이것이 수정론이 나오기 이전의 상태로 되돌아가는 것을 뜻하지는 않는다. 18세기 미국에서 고전공화주의적 사상 유형이 발견됨으로써 초기 미국에 대한 우리의 이해가 영원히 바뀌어버렸기 때문이다. 록크 대신에 마키아벨리를, 자유주의 대신에 공화주의를 강조하는 수정론의 새로운 역사해석으로 인해 자유주의가 혁명기 미국의 유일한 정치사상이었다는 개념은 이제 영원히 사라지게 되었다.

'자유주의적 공화주의' 또는 '근대적 공화주의'

1980년대 중엽에 전성기를 누리는 듯하던 공화주의적 수정론은 계속되는 비판자들의 공격으로 말미암아 1980년대 후반부터 미묘한 입장변화를 보이기 시작했다. 일찍이 자유주의와 도시공동체적 인문주의는 서로 동화될 수 없는 언어들이라고 했던 수정론자들은 이제 전략적인 후퇴를 하기 시작했다. 자유주의와 고전사상은 궁극적으로 양립 불가능한 철학에서 기원했으므로 자유주의적이면서 동시에 고전적이라는 것은 논리적으로는 모순이었다. 그러나 역사적으로는 그렇지 않았다는 것이 수정론자들의 입장이다. 그들은 자신들이 처음에 고전사상의 중요성을 과장했다는 것을 인정한다. 하지만 이제 미국혁명세대의 사상이 자유주의사상과 고전사상의 '복합물'이었다는 것을 수긍한다.

이러한 수정론자들의 입장후퇴로 수정론자들과 그 비판자들 사이의 20여 년에 걸친 적대행위가 해소될 계기가 마련되었다. 이제 공화주의의 입장은 그 비판자인 크램닉(Issac Kramnick)이 말하는 '패러다임의 다원주의'와 별로 다를 것이 없게 되었다. 크램닉은 패러다임의 싸움에는 궁극적으로 결정적 승자가 존재하지 않는다고 본다. 그에 따르면 자유주의, 공화주의, 청교도윤리, 주권 및 권력이론 중 어느 하나의 신념체계도 미국의 정치담론을 독점적으로 지배하지는 못했다. 자유주의도 공화주의에 대해 압도적 승리를 거두지 못했으며, 따라서 18세기 미국인들은 '패러다임의 다원주의' 세계에 살았다는 것이다.

그러므로 이제 우리가 근심해야 할 것은 공화주의와 자유주의 가운데 어느 것이 미국혁명의 지배적인 이데올로기였는가 하는 것이 아니고, 어떻게 이 두 전통이 함께 작용할 수 있었는가에 관한 것이다. 학자들의 연구에 따르면 미국의 혁명세대는 그들이 의존했던 전통들이 모호하기 때문에, 그리고 그들이 제기했던 주장들이 서로 모순되기 때문에 그들 나름의 독특한 언어, 즉 미덕에 관한 자유주의적, 공화주의적 사상들을 통합한 언어를 구사했다는 것이다. 그들은 공화주의적 미덕과 자유주의적 개인주의가 양립 가능하며 상호 의존적이라고 믿었다. 이러한 관점에서 볼 때 혁명기는 미국인들이 그 시간과 장소에 고유한 사상들의 미묘한 혼합을 통해서 자신들의 세계를 이해하려고 했던 독특한 시대였다. 혁명기의 미국인들이 현실을 어떻게 인식하고 행동했는가는 다음의 글에서 잘 드러난다.

> 대다수의 미국인들이 사실상 유물론적이고 개인주의적 방식으로 행동했다는 것은 분명하다. 하지만 동시에 바로 그 미국인들의 대부분이 자신들과 자신들의 사회를 공화주의적 견지에서 인식했다는 것 또한 분명하다. 즉, (모든 계층에 침투한 친근한 이데올로기인) 공화주의가 미국인들의 정신을 형성했다.……(윤곽이 뚜렷한 사상유형이라기보다는 아직은 불명료한 행동유형인) 자유주의가 무의식적으로 그들의 하루하루의 삶을 형성했다. 그리하여 미국인들은 자신들의 사회를 공격적이고 경쟁적이며 근대적인 방향으로 급속히 변형시키면서 한편으로는 공동체의 조화와 미덕을 지닌 사회질서를 이상화했다.……그들은 자유주의와 공화주의라는 두 개의 완전히 대조적인 전통 중에서 선택을 해야만 한다는 생각은 결코 가지고 있지 않았다. 대신에 그들은 고전적 공화주의를 자신들의 현재의 필요에 맞게 길들였다. 그들은 물려받은 가정(假定)들을 자신들의 자유주의적 행동과 무의식적으로 혼합했다.[16]

이 글은 공화주의와 자유주의가 미묘한 혼합을 이룬 채 한 사회, 한 집단, 심지어 한 개인 내에서조차 공존하면서 18세기 말 미국인들의 삶의 행로를 결정짓고 있었음을 선명하게 보여준다.

일찍이 『미국혁명의 이데올로기적 기원』(1967)에서 '도시공동체적 인문주의', 즉 공화주의가 미국혁명의 사상적 기원이라는 주장을 내놓음으로써 미국혁명사상 연구의 새로운 지평을 열었던 베일린도 1992년에 내놓은 이 책의 증보판에서는 혁명기의 미국인들이 공화주의와 자유주의를 둘 다 받아들이고 있었다는 것을 인정한다.

> 혁명의 대변인들―팸플릿 저자와 논설의 필자 그리고 잡다한 논평가들―은 철학자가 아니었으며 초연한 지식인도 아니었다.……그들은 자신들을 '도시공동체적 인문주의자'라고 생각하지 않았으며, 나도 그들의 사상을 특징지으려고 시도하는 가운데서도 그들을 그런 식으로 묘사하지는 않았다. 그들은 아마 자신들이 정치사상사에서 하나의 유형에 그처럼 꼭 들어맞는다는 말을 들었으면 깜짝 놀랐을 것이다. 그들은 어떤 정치체제든, 모든 공화국은 말할 나위도 없고, 상당한 정도의 미덕에 기초를 두어야 한다고 믿었으나 보통 사람들의 미덕에 대해서는 어떤 환상도 없었다. 그리고 그들 모두 사유재산과 사유재산의 보호, 그리고 경제성장의 촉진이라는 기본적인 가치를 믿었다. 시기와 환경에 따라 강조점이 달랐을 뿐, 그들은 '도시공동체적 인문주의자'인 동시에 '자유주의자'였다.[17]

혁명기의 미국인들이 '도시공동체적 인문주의자', 즉 공화주의자이면서 동시에 '자유주의자'였으며, 단지 시간과 공간에 따라 공화주의와 자유주의 가운데 어느 하나를 강조했다는 것이다.

　「독립선언서」를 작성한 토마스 제퍼슨은 "록크를 (그대로) 베꼈다"라는 말을 들어가면서까지 「독립선언서」에서 자연권, 사회계약, 동의에 의한 정부의 수립과 같은 록크의 자유주의 사상을 극명하게 표현했다. 당시 아메리카 식민지에서 록크의 문헌보다는 공화주의 계통의 문헌이 더 많이 읽히고 있었다는 것은 여러 학자들의 연구로 이미 밝혀졌다. 하지만 모국인 영국과의 관계를 끊고 독립을 하려는 식민지의 입장에서는 자유가 가장 강력히 요구되었을 것이며, 더욱이 록크의 혁명권은 식민지인의 행동을 정당화하는 데 기여하는 바가 컸을 것이다. 이런 이유로 제퍼슨은 「독립선언서」에서 록크의 자유주의 사상을 전면에 내세웠던 것이다. 하지만 독립을 쟁취하기 위해 벌인 영국과의 전쟁이 끝나고 나서 신생국가가 당면한 어려움 속에서는, 특히 13개 '나라'의 연합이 와해될지도 모르는 상황에서는 개인의 자유보다는 공익을 존중하는, 이른바 공화주의의 미덕이 요구되었을 것이다. 다시 말해서 자유주의 또는 공화주의의 효용성이 시기적으로 차이가 있었다는 것이다. 그러므로 자유주의나 공화주의 가운데 어느 하나만을 미국혁명의 지배적 사상으로 보는 것은 비(非)역사적인 사고라고 할 수 있다.[18]

이처럼 18세기 말의 미국인들은 공화주의와 자유주의를 동시에 수용하고 있었으며, 따라서 혁명기 미국의 정치사상은 공화주의와 자유주의의 통합 내지 혼합으로 이루어진 '자유주의적 공화주의' 또는 '근대적 공화주의'였다고 볼 수 있다.

헌법제정기 I : 연방주의자 대 반연방주의자

　1776년 7월 4일, 아메리카의 식민지들은 영국으로부터 독립을 선포하고 13개의 공화국이 되었다. 독립전쟁에서 아메리카의 승리가 확실해져가던 1781년이 되어서야 13개 공화국은 연합헌장(the Articles of Confederation)*을 채택함으로써 하나의 느슨한 국가형태, 즉 연합(the Confederation)을 이루었다. 아메리카합중국(the United States of America)으로 불리는 이 연합에서 13개의 공화국은 각기 국가로서의 주권을 그대로 가지고 있는, 문자 그대로 '나라(state)'들이었다. 연합의 의결기관인 연합회의는 외교와 국방에 대한 권한만 가졌을 뿐, 과세권과 통상규제권이 없어 독립전쟁을 수행하는 데 어려움이 많았다. 전쟁은 아메리카합중국의 승리로 끝났으나, 전후 새 공화국은 극심한 대내외적 혼란에 직면했다. 독립 이후 미국의 경제는 그동안 보호막이 되어준 영국의 중상주의체제 밖으로 밀려나면서 상품시장이 크게 축소되는 등 불황에 시달리고 있었다. 전비(戰費)를 조달하기 위해서 전쟁중에 발행한 지폐와 채권으로 통화가 지나치게 팽창하자, 각 '나라'는 통화수축정책을 폈고, 그 바람에 화폐의 부족으로 고통을 겪게 된 농민과 채무자들이 지폐의 발행을 억제하려는 상인과 채권자들에 맞서 반란을 일으키는 등 사회계층 간의 갈등도 극심해졌다. 대외적인 어려움도 만만치 않았다. 영국은 파리조약을 어기고 여전히 미국 영토 안에 군대를 주둔시켰고, 애팔래치아 산맥 서쪽으로 미국인들이 진출하는 것을 막고 있었다. 스페인도 플로리다 서쪽 지역을 점령한 채 미국인들의 미시시피 강 통행을 막고 있었다. 상황이 이런데도 연합회의는 아무런 해결책을 내놓지 못했다. 연합이 미국 사회에 안정을 가져다주리라고 믿었던 미국인들은 자신들의 기대가 완전히 그릇된 것임을 깨달았다. 연합회의가 중앙정부로서의 역할을 전혀 해내지 못하고, 마침내 연방에 위기가 닥치게 된 이유는 분명했다. 연합은 서류상으로는 하나의 정부이지만 구조와 기능 면에서 주권을 지닌 13개 '나라'들의 동맹에 지나지 않았던 것이다. 보다 강력한 중앙정부의 수립이 필요하다고 믿게 된 미국의 지도자들은 기존의 연합정부를 대치할 새로운 체제를 구상했고, 그 결과 1787년에 연방 헌법이 제정되었다.

그러므로 엄밀히 말하면 헌법제정기는 미국혁명기에 포함

되어야 한다. 미국혁명이라고 할 때 그것은 아메리카 식민지가 영국의 지배로부터 벗어나는 독립전쟁, 그리고 그 뒤에 진행된 연방 헌법의 제정과 그에 따른 정부수립이라는 두 가지 역사적 사건으로 이루어져 있다고 보는 것이 일반적이다. 그러니까 헌법의 제정은 미국혁명의 제2단계 또는 제2국면인 것이다. 그런데 연방 헌법이 제안되어 비준되는 과정에서 헌법에 대한 찬반논쟁이 격렬하게 전개되었고, 그 결과 수많은 정치저술이 쏟아져 나왔기 때문에 여기서는 헌법제정기로 따로 구분해서 그 정치사상을 살펴보려 한다.

1787년 여름, 필라델피아 제헌회의*에서 헌법이 제정되었다. 각 '나라(state)'의 대표 55명이 모여 수개월에 걸친 토론과 타협 끝에 헌법을 만들어냈는데, 이 헌법이 바로 현재 세계에서 사용되고 있는 헌법 가운데 가장 역사가 오랜 미국 연방 헌법이다. 필라델피아에서 작성된 헌법 초안은 비준을 얻기 위해 13개 '나라'의 의회로 보내졌고 각 '나라'의회는 헌법비준 문제를 다루기 위해 비준회의를 소집했다. 전국에서 약 3년에 걸쳐 진행된 복잡한 과정을 거쳐 마침내 헌법은 비준되었다.

그런데 헌법을 비준하는 과정에서 헌법에 대해 찬성하는 사람들 — 연방주의자(Federalists) — 과 반대하는 사람들 — 반연방주의자(Antifederalists) — 이 격렬하게 대립했다. 이 비준논쟁은 '미국혁명 최후의 전투'라고 불릴 만큼 치열한 것이었다. 이들 연방주의자와 반연방주의자가 대립하는 과정에서 수많은 정치저술이 쏟아져 나왔는데, 우리는 이 저술을 통해서 헌법과 관련된 정치적 쟁점이 무엇이었으며, 헌법제정기의 정치사상은 무엇이었는가를 파악할 수 있다. 다시 말해서 헌법제정기 미국의 정치사상을 탐구하기 위해서는 헌법을 둘러싼 연방주의자와 반연방주의자의 분열의 본질에 주목해야 한다.[19]

반연방주의자 - 헌법제정은 과연 타당한가

헌법비준을 둘러싼 찬반논쟁에서 제일 먼저 주목할 것은 헌법에 대해 반대하는 사람들의 보수적 성격이다. 반연방주의자는 대체로 현상(現狀)의 옹호자였다. 그들은 흔히 제헌회의라고 불리는 필라델피아회의에서 헌법을 제정한 사람들이 기존의 형식과 원리를 쉽사리 밀쳐내고 헌법을 기초한 것을 자신들이 소중히 여기는 여러 가치에 대한 위협으로 여겼다. 반연방주의자가 헌법을 비판한 이유는 다음의 두 가지로 요약될 수 있다.

헌법제정은 비합법적이다

반연방주의자는 우선 필라델피아회의의 절차가 변칙적이라고 보았다. 그들이 보기에 필라델피아회의에는 연합헌장을 개정할 권한밖에 부여되지 않았으며, 따라서 필라델피아회의는 연방정부의 급진적 변화를 제안할 권리를 지니지 못했다.

이러한 반연방주의자의 입장은 패트릭 헨리(Patrick Henry)*

반연방주의자 : 1788년 버지니아 비준회의에서
헌법에 대한 반대를 주도한 패트릭 헨리.

에게서 분명하게 드러난다. 헨리는 13개 '나라' 중 가장 큰 버지니아의 지사를 여러 차례 역임했고, 미국혁명의 와중에서 "자유가 아니면 죽음을 달라"고 외쳤던 바로 그 인물로서, 당시 반연방주의자를 이끌고 있었다. 그는 버지니아 비준회의의 연설에서, '정부'를 바꾸려는 제안으로 인해 대중의 마음이 극도로 불편하다고 전제하고, 이처럼 위험하고 불편한 상황이 초래된 이유가 무엇인지를 밝혀줄 것을 요구하는 연설을 했다. 이 연설에서 헨리는 제헌회의가 개최되기 전에는 평화와 고요함으로 가득 찼던 나라가 이제는 극도의 위험에 처해 있다고 말문을 열었다. 그는 헌법의 제정으로 인민들은 권리를 보장받는 것이 아니라 영원히 잃게 될지도 모른다고 주장했다. 즉, 자칫 잘못하다가는 공화국을 영원히 잃게 될지도 모른다는 것이다. 그가 보기에 공화국이 이러한 위험에 처하게 된 것은 연합헌장의 수정을 준비하기 위해 필라델피아에 모인 대표들이 합중국을 연합의 형태에서 하나의 거대한 통합정부의 형태로 변형시키는 급격한 변화를 제안했기 때문이었다. 인민은 그들에게 그러한 권한을 부여하지 않았다. 즉, 그들이 월권행위를 했다는 것이 헨리의 연설의 핵심이었다.

헨리는 며칠 뒤의 비준회의 연설에서도 다시 이 문제를 거론했다. 그는 필라델피아회의의 대표들에게 연합의 수정이라는 커다란 목적을 맡겼을 때 인민은 단지 그들이 연합을 수정하는 데 국한하리라 생각했었다고 주장하면서, 반면에 그들은 그 본질에 있어 전혀 다르며 연방의회에 가장 광범한 권한을 부여하는 새로운 체제를 제시했다고 말했다. 요약하자면, 헨리는 필라델피아회의의 대표들이 행사한 권력에 대해 의구심을 지니고 있다는 것이다.

반연방주의자가 새로 만들어진 헌법의 합법성을 의문시하는 이유는 또 있었다. 필라델피아회의는 연합회의와 '나라'의 회를 제치고 특별히 비준회의를 소집할 것을 제안했는데, 이는 연합회의가 필라델피아회의에 위임한 내용과 어긋나는 것이었다. 또한 필라델피아회의는 헌법이 9개 '나라'의 비준으로 발효하도록 제안했는데, 이는 연합헌장에 명시된, "모든 '나라'의 찬성"이라는 수정방식에 위배되는 것이었다. 그러므로 반연방주의자가 보기에 헌법을 기초한 것, 헌법을 비준회의에 회부한 것, 이 두 가지 다 아무런 법적 근거가 없는 것이었다.

헌법은 미국혁명의 배신이다

반연방주의자는 스스로를 미국혁명 원리의 진정한 옹호자로 여겼다. 그들은 '나라'들이 평등하다고 보았다. 13개 '나라'

가 영국으로부터 떨어져 나와 서로에 대해 자연상태에 놓이게 된 이래 '나라'들의 평등함은 아메리카 연방의 기본 원리였다. 1781년의 연합헌장을 통해서, 주권을 지니고 있으며 독립적인 13개 '나라'들의 동맹이 이루어졌다. 각 '나라'의 대표들은 '나라'의 자발적인 협조에 주로 의존하는 체제 속에서 연합회의를 통해 제한된 범주의 공통 관심사를 다루었다. 이때 각 '나라'는 평등하며, 그 '나라'들이 정치권력의 대부분을 보유했다.

이처럼 독립적인 '나라'들의 동맹이라는 원리를 고수하는 반연방주의자가 볼 때 연합헌장은 미국혁명이 기초하고 있는 원리의 헌정적 구현이었다. 그들에게 연합헌장은 하늘의 축복이나 다름없었던 것이다. 그런 그들이 새로 제정된 헌법에 반대하는 것은 너무도 당연했다. 헌법이 완전한 단일국가정부를 수립함으로써 '나라'들을 파괴하거나 또는 저해하리라고 믿었기 때문이다. 반연방주의자는 장차 헌법에 의해 구성될 연방의회가 국가 전체에 대해 무한한 권력을 행사하게 될 것이고, 그렇게 되면 아무도 깨닫지 못하는 사이에 '나라'들은 점진적으로 사라지게 되며, 그 결과 마침내 통합이 이루어진다고 보았다. 그러므로 반연방주의자의 눈에 비친 헌법은 미국혁명의 원리나 자유와는 본질적으로 다른 것이며, 따라서 미국이라는 공동체의 기초 전체를 파괴하는 것이었다.

헨리는 비준회의 연설에서 여러 차례에 걸쳐 헌법이 미국혁명의 원리와 합치하지 않는다고 역설했다. 그가 보기에 위대함과 힘을 추구한 국가들은 자체의 어리석음의 희생물이 되었다. 즉, 그러한 '가공(架空)의 축복'을 얻은 반면에 '지상의 모든 축복 중에서 가장 위대한' 축복이자 정부의 '직접적인 목적'인 자유를 잃고 말았다는 것이다. 그는 "만일 우리가 이 통합된 정부를 받아들인다면 우리도 마찬가지로 자유를 잃고 말 것"이라고 보았다. 왜냐하면 강력하고 힘센 정부는 공화주의와 양립할 수 없기 때문이었다. 다시 말해 이처럼 결함을 지닌 헌법을 수정하지 않고 비준하게 되면 우리의 부(富)와 자유, 즉 우리의 모든 것이 위태로워지고 말 것이라는 것이 헨리의 주장이었다. 헨리는 대다수의 인민에게 있어 자유를 국가의 영예와 맞바꾼다는 것은 어리석은 일이라고 경고했다. 만일 헌법이 자유로운 인민에게 고통을 초래할 것이 사실이라면 그 혜택이 무엇이든 간에 그것은 거부되어야만 한다는 것이다.[20]

미국혁명 이래 자유가 다시 위험에 처했다는 헨리의 경고는 새로이 제정될 헌법에 국민의 기본적 자유에 대한 보장, 즉 권리장전이 포함되어 있지 않은 데서 비롯된 것이었다. 그가 보기에 헌법에 권리장전이 없다는 것은 헌법이 진정한 자유의 정신으로부터 얼마나 멀리 떨어져 있는가를 입증하는 것이었다. 요약하자면 헨리는 헌법이 미국혁명이라는 민주혁명을 배신했다고 생각했다. 다시 말해서 헨리는 헌법이 1776년의 원리, 즉 「독립선언서」와 본질적으로 합치하지 않는다고 생각했던 것이다.

연방주의자 – 헌법제정은 위대한 목적을 수행했다

이상과 같은 반연방주의자의 주장에 맞서서 연방주의자는 헌법이 통합적이 아니라는 것을 설명하는 데 주력했다. 이는 헌법에 대한 주된 반대가 연합이 하나의 통합된 정부로 바뀐다고 믿는 데서 비롯되었기 때문이다. 헌법에 의해 구성될 정부가 결국은 '나라'정부들을 근절시키고 말 것이라는 반연방주의자의 주장은 상당히 강력하게 제기되고 있었다. 이에 대해 연방주의자는 헌법이 통합적이 아니며, 헌법이 '부분적으로 단일국가적이고 부분적으로 연방적인(partly national, partly federal)' 새로운 형태라고 주장했다.

헌법은 통합적이 아니다

버지니아 비준회의에서 패트릭 헨리가 이끄는 반연방주의자에 맞서 연방주의자를 이끈 사람은 제임스 매디슨이다. 그는 미국 헌법의 토대가 된 버지니아안(Virginia Plan)을 기초한 인물로서, 우리에게는 미국 '헌법의 아버지(Father of the Constitution)'로 잘 알려져 있다. 하지만 당시에 그는 정치력이나 카리스마에서 패트릭 헨리의 상대가 되지 못했다. 매디슨이 비록 필라델피아회의에서 헌법을 제정하는 데 큰 몫을 하긴 했지만, 독립혁명의 지도자이며 여러 차례 버지니아 지사를 역임한 패트릭 헨리와 비교하면 버지니아에서는 정치 신인이나 다름없었다. 게다가 연단에만 섰다 하면 몇 시간씩 거침없는 열변을 토하는 웅변가 패트릭 헨리와 달리, 매디슨은 목소리도 작고 매우 수줍음을 타는 사람이었다. 하지만 매디슨의 연설은 그 내용 면에서 상당히 논리적이어서, 반향에 있어서는 패트릭 헨리의 연설에 결코 뒤지지 않았던 것 같다.

제임스 매디슨. 제헌회의에서 가장 영향력이 있던 인물 가운데 하나였다.

매디슨은 버지니아 비준회의 연설에서 반연방주의자의 통합에 대한 우려에 답했는데, 여기서 그는 헌법이 '나라'가 지닌 권력을 점진적으로 파괴함으로써 통합된 단일국가체제를 수립하려 한다는 비난을 반박하는 데 주력했다. 매디슨은 우선 새 체제가 '부분적으로 단일국가적이고, 부분적으로 연방적인 구조'라고 강조했다. 새 체제의 본질에 관해 몇 가지 견해가 있긴 하지만 매디슨이 보기에 주된 문제는 그것이 연방적인 정부인가 아니면 통합된 정부인가 하는 것이었다. 그 문제에 대한 매디슨의 답은, 새 체제는 혼합적 성격을 띠고 있으며, 그 방식에 있어 역사상 유례가 없는 체제라는 것이었다. 어떤 점에서 그것은 연방적 성격을 띤 정부이지만, 다른 점에서 보면 그것은 통합적 성격을 띤 정부이다. 다시 말해 그것은 완전히 통합된 정부도 아니고 그렇다고 전적으로 연방적인 정부도 아니었다.

또한 매디슨은 새 중앙정부가 그 통합적 성격으로 말미암아 모든 하위 권한을 파괴하려는 경향을 지니며, 점차 '나라' 정부를 흡수해버릴 것이라는 반연방주의자의 주장을 반박했다. 만일 중앙정부가 '나라'정부로부터 완전히 독립적이라면 최대한의 권한 침해가 예견된다. 하지만 중앙정부의 권한은 '나라'정부로부터 나오며, 또한 '나라'정부의 권한이 나오는 바로 그 원천, 즉 주권을 지닌 인민으로부터도 나온다. 다시 말해 새로이 구성될 정부에 의하면 권력은 특정한 일단의 사람들에게 주어지는 것이 아니다. 권력은 인민의 손에 있으며, 선출된 인민의 대표에게 단기간 위임되는 것이다. 사실이 이러한 이상, 우리가 두려워해야 할 위험은 전혀 존재하지 않는다는 것이 매디슨의 주장이었다.

매디슨은 이처럼 인민주권의 개념을 사용해서 중앙정부와 '나라'정부 사이의 새로운 권력배분을 정당화했다. 따라서 헌법이 채택되면 '나라'와 인민의 권력을 점진적으로 흡수해서 통합된 정부가 나타나고야 말 것이라는 반연방주의자의 주장은 옳지 못한 것이었다. 오히려 헌법이 채택되면 일찍이 존재했던 어느 정부보다도 더 자유에 대한 보장이 증대되리라는 것이 그의 주장이었다. 이처럼 반연방주의자의 헌법에 대한 가장 큰 두려움 중의 하나인 통합에 대한 우려에 대해서 매디슨은, 새로운 연방정부에서도 '나라'들이 필수적인 역할을 그대로 지니게 될 것이며, 권력이 명백히 위임되지 않은 영역에서는 '나라'들이 계속해서 주권을 행사할 것임을 보여줌으로써 그러한 우려를 불식시키려고 했다.[21]

헌법제정은 합목적적이다

이처럼 헌법이 통합적이 아니라는 연방주의자의 설명에도 불구하고, 헌법이 '나라'가 지닌 권력을 점진적으로 파괴함으로써 통합된 단일국가체제를 수립하려 한다는 비난은 수그러들지 않았다. 반연방주의자는 헌법이 엄격한 의미에서 연방적이 아니라는 것, 즉 헌법의 반연방적 성격을 어디서나 쉽사리 찾아냈다. 패트릭 헨리는 헌법 전문(前文)의 첫 단어에서 헌법의 반연방적 성격을 찾아내고, 그에 대해 이의를 제기했다. 그는 '나라'들이 연합의 특질이자 '영혼'이라고 주장하면서 그럼에도 불구하고 헌법 전문이 "우리, '나라'들(We, the states)"이 아니라 "우리, 인민(We, the People)"으로 시작된다는 사실에 주목했다. 그는 "만일 '나라'들이 이 계약의 주체가 아니라면 그것은……하나로 통합된 거대한 단일국가정부임에 틀림없다"고 주장했다.

반연방주의자는 이처럼 '나라'를 연합의 '영혼'으로 여겼을 뿐 아니라 '나라'들이 평등하다고 보았다. 13개 '나라'가 영국으로부터 떨어져 나옴으로써 서로에 대해 자연상태에 놓이게 된 이래, '나라'들의 평등함은 연합헌장에서건 어디서건 아메리카 연방의 기본 원리라는 것이 그들의 생각이었다.

하지만 연방주의자의 입장은 전혀 달랐다. 헌법비준조항은 이와는 정반대로 아메리카의 '나라'들이 그들 각각의 의지에 따라, 그리고 그들 각각의 이익을 위해 결합한 별개의 정치적 통일체들이 아니라, '나라'들이 영국왕으로부터 독립한 순간부터 지금까지 항상 하나의 통일체의 일부분이라는 가정에 입각하고 있었다. 따라서 국제(國制)를 바꾸는 것은 '나라'의회가 할 일이 아니라 인민이 할 일이라는 것이 연방주의자의 생각이었다. 또한 연방주의자는 13개 식민지가 개별적으로 독립을 선언한 것이 아니라 연합해서 독립을 선언했으며, 그들 식민지가 서로 독립적인 적은 결코 없었다고 주장했다. 이러한 주장이 함축하는 것은 미국에서의 정부의 토대가 '나라(state)'들의 이익이 아니라 국가(nation)의 이익이라는 것이다.

그러므로 연방주의자가 볼 때 연합헌장은 기존 연방의 결함 많은 도구에 지나지 않았다. 필라델피아회의를 소집하는 연합회의의 결의안은 연방의 국제를 정부의 위기상황에 맞게 만들며, 연방을 보전한다는 목적을 명시하고 있다. 그러므로 필라델피아회의와 비준회의 참석자들은 연방의 보전이라는 위대한 목적을 수행했다는 것이 연방주의자의 생각이었다.

이처럼 연방주의자가 법이나 전통보다 목적이 중요하다고 주장했기 때문에 반연방주의자는 헌법의 적법성이나 현상(現狀)만을 논의하고 있을 수가 없었다. 헌법의 비준을 둘러싼 연방주의자와 반연방주의자 간의 논쟁은 이제 연방정부의 목적이 무엇이며, '나라'정부의 목적이 무엇인가? 그리고 이들 목적 사이의 적절한 관계가 무엇이며, 따라서 이들 정부 사이의 적절한 관계가 무엇인가라는, 보다 차원 높은 문제로 옮겨가고 있었다.

소공화국이냐 광역공화국이냐

앞에서 보았듯이, 반연방주의자는 '나라'들의 우월성을 옹호했는데, 이는 모든 합법적인 정부의 목적인 개인 자유의 보호와 '나라' 사이에 고유한 연관성이 존재한다는 그들의 믿음에 입각하고 있다. 결국 '나라'들은 개인 자유의 본거지이기 때문에 보전되어야만 한다는 것이 반연방주의자의 생각이었다. 반연방주의자의 헌법에 대한 주된 반대는 연합이 하나의 통합된 정부로 바뀐다는 사실에 대한 것이었다. 반연방주의자가 보기에 헌법에 의해 구성될 정부는 결국은 '나라'정부들을 근절시키고 말 것이다. 그렇게 되면 문제는 통합된 정부가 인민의 자유와 권리를 보장할 수 있는가 하는 것이다. 역사적으로 보더라도 광대한 영역을 지배한 정부치고 인민의 자유를 파괴하지 않은 정부는 결코 없었다. 결국 민중정부는 오로지 작은 영역에서만 존재할 수 있다는 것이 반연방주의자의 주장이었다.

하지만 '나라'가 개인 자유의 보루라는 반연방주의자의 견해에 대해 연방주의자는 동의하지 않았다. 사실 정부의 목적에 관한 연방주의자의 견해는 반연방주의자의 그것과 큰 차이가 없었다. 매디슨은 일찍이 제헌회의에서 '사적인 권리의 보장 및 정의의 한결같은 배분'을 보다 효율적으로 수행해야 할 필요성에서 제헌회의가 소집되었다고 주장함으로써, 사적인 권리의 보장과 정의의 배분, 이 두 가지가 연방의 목적임을 천

41

명한 바 있다. 하지만 그는 바로 뒤이어서, '나라'들에서 행해지고 있는 남용으로 말미암아 공화주의적 자유가 오래 존속하지 못할 것이라는 예상을 내놓았다.[22] 그의 이러한 발언은 개인의 자유와 국내의 안정을 확보하는 데 있어 소공화국이 더 월등하다고 주장하는 반연방주의자의 기본 전제를 부정하는 것이었다. 연방주의자의 주장을 요약하면, 헌법 아래에서 구성된 광역의 아메리카 공화국은 방위와 상업적 번영을 위해서 분명히 필요할 뿐 아니라, 자유로운 공화주의정부의 내부적인 업무도 '나라'들 또는 다른 어떤 이상적인 소공화국보다 더 잘 해낼 수 있다는 것이다.

그러나 반연방주의자는 정부의 업무는 소공화국에서 행해져야만 한다고 주장했다. 정부의 본질적인 업무는 왜 '나라'와 같은 통치 단위에 의해 행해져야만 하는가? 반연방주의자의 견해에 의하면, 이것은 주로 크기의 문제였다. 자유로운 공화주의정부는 동질적인 주민이 살고 있는, 비교적 작은 영토에서만 가능하다는 것이 역사적으로나 이론적으로 입증되었다. 크고 다양한 '나라'들이 있는 곳에서는 상황, 이해관계, 습관 등에 있어서의 여러 가지 큰 차이가 균일한 행정을 위해 무시되어야만 한다는 것이 문제였다. 단일국가정부는 그 크고 다양한 영토에 대해서 조잡하고 균일한 통치를 강요하지 않을 수 없으며, 그 결과 국가의 여러 곳에서 곤란과 불평등을 초래할 것이다.

이처럼 공화국은 그 모든 시민이 일단의 공통된 이해관계를 지니고, 지배자의 야망을 계속해서 경계할 수 있을 만큼 충분히 작고 동질적이어야 한다는 것이 이 시절의 표준적 예지였다. 그런데 헌법은 당시 유럽에서 가장 큰 국가보다 더 큰 단일공화국을 창출하려 했으며, 그 권력이 영국의회보다도 크며, 그 형태가 가증스런 영국정부와 유사한 중앙정부를 만들어내려 했던 것이다.

대공화국이 행정적 결함을 지닌다고 주장하는 반연방주의자의 논거는 크게 다음의 세 가지로 나눌 수 있다. 첫째, 소공화국만이 인민의 정부에 대한 자발적인 애착과 법률에 대한 자발적인 복종을 얻을 수 있다. 둘째, 소공화국에서만이 정부가 인민에 대해 진정한 책임을 진다. 셋째, 소공화국만이 공화주의정부를 유지할 수 있는 부류의 시민을 형성해낼 수 있다. 이 세 가지 주장은 반연방주의자의 핵심 입장을 이루는 것이었다. 제안된 헌법에 반대하면서 소공화국의 존속을 옹호하는 반연방주의자의 주장에 맞서서 연방주의자는 그 주장을 반박하는 동시에 헌법에 의해 구성될 광역공화국의 장점을 부각시키려고 노력했다. 대공화국의 결함에 대한 반연방주의자의 주장과 그에 대한 연방주의자의 반박을 좀더 자세히 알아보자.

정부에 대한 인민의 신뢰
① 반연방주의자 : 인민의 신뢰를 받는 정부
반연방주의자가 대공화국의 결함으로 제일 먼저 지목한 것은 인민의 정부에 대한 자발적인 애착과 법률에 대한 자발적

인 복종의 문제와 관련된 것이다. 어떠한 정부도 인민의 신뢰 없이는 오래 존속할 수 없다. 공화주의정부에서는 이러한 신뢰가 특히 필수적이었다. 반연방주의자가 보기에, 인민으로 하여금 연방의원을 선출하도록 하는 헌법의 단순한 방편만으로는 정부에 대한 인민의 애착을 확보하는 데 충분하지 않았다. 헌법에 의해 수립될 대공화국에서는 인민이 입법부를 전혀 신뢰하지 못하고, 의원들을 의심하고 경계하며, 의원들이 통과시킨 법안을 지지하지 않을 것이다. 그렇게 되면 시민정부의 목적을 달성하기 위해서 강제가 필요해진다. 정부가 만일 설득을 통해서 존립할 수 없다면 강제를 통해서 존립해야만 하는 것이 통례이다. 그러므로 대공화국에서는 정부에 대한 인민의 신뢰와 존경을 대신할 상비군이 불가피하다는 것이 반연방주의자의 주장이었다.

② 연방주의자 : 효율적인 정부

소공화국을 통해 시민의 나라에 대한 애착과 준법성을 확보하려는 반연방주의자와는 달리 연방주의자는 효율적인 정부와 훌륭한 행정을 통해서 시민들을 정치체제에 묶어두려 했다. 사실 인민이 애착을 느끼기에는 중앙정부가 인민으로부터 너무 멀리 떨어져 있다는 반연방주의자의 주장에 대해 연방주의자는 별로 반박을 하지 않았다. 알렉산더 해밀턴도 인정했듯이, 인간은 습관의 동물이어서 계속해서 멀리 떨어져 있어 눈에 보이지 않는 정부는 인민의 주의를 거의 끌 수 없을 것이기 때문이었다.

그렇다고 해서 해밀턴이, 헌법이 군사력의 도움 없이는 작동할 수 없을 것이라는 반연방주의자의 주장을 묵과한 것은 아니었다. 그는 우선 그러한 주장이 정확한 근거에 입각한 것이 아니라는 사실을 강조한다. 그리고 나서 "정부에 대한 인민의 신뢰와 복종"은, 인민과 정부 사이의 거리와 관계있는 것이 아니라 "보통은 정부가 행정을 잘하고 못함에 비례할 것"이라고 주장했다. 결국 헌법에 의해 구성될 중앙정부가 지방정부보다 행정을 더 잘 할 것이라는 요지이다. 그에 의하면 중앙정부가 지방정부보다 행정을 더 잘 할 수 있는 이유는 여럿이지만, 주된 이유는 선거구가 광역이라는 데 있었다. 광역의 선거구에서 선출된 의원은 보다 많은 지식과 광범한 정보를 지니고 있을 것이며, 파당(faction)의 정신에 쉽사리 오염되지 않을 것이고, 일시적인 편견이나 편향으로부터 보다 쉽사리 벗어날 것이다.[23] 이처럼 연방주의자는 헌법에 의해 구성될 광역공화국이 보다 효율적인 행정을 통해서 인민의 신뢰를 얻을 수 있다고 주장했다.

정부가 인민의 신뢰를 획득하려면 또한 건전해야 한다는 것이 연방주의자의 생각이었다. 결국은 정부 자체가 인민의 신뢰를 얻을 만한 가치를 지녀야 인민의 신뢰를 획득할 수 있다는 것이다. 그러려면 정부는 누구나 바람직하다고 여기는 미덕들, 즉 근면, 절약, 정직 등의 자질을 효과적으로 후원해야 한다. 그런데 실제로는 반연방주의자가 옹호하는 바로 그

부류의 정부가 그들이 그토록 설교하던 그 자질들을 저해하고
말았다. 연방주의자가 가장 주목하는 것은 지폐의 사용이다.
그들은 연합 시절에 지폐를 사용함으로써 공화주의정부의 토
대인 미덕이 약화되었다고 주장한다.[24] 이 상황에서 연방주의
자가 보기에 결정적으로 필요한 것은 현명하고 효율적인 정부
그리고 그러한 정부만이 이끌어낼 수 있는 신뢰였다.

연방주의자의 견해를 요약하자면, 효율적인 정부는 본질적
으로 바람직할 뿐 아니라 인민의 애착과 미덕을 얻는 길이기
도 하다. 결정한 것을 실제로 완수할 수 있는 정부, 평화를 지
키고 재산을 보호하며 국가의 번영을 촉진하는 정부는 시민의
존경과 복종을 받는 정부가 될 것이다. 게다가 그러한 정부는
공적, 사적 도덕성을 효율적으로 보호함으로써, 사회 내의 도
덕성을 높일 수 있을 것이다. 인민의 신뢰를 이끌어낼 수 있는
것은 인민에게 가까운 정부가 아니라 효율적인 정부라는 것이
연방주의자의 주장의 핵심이었다.

인민에 대한 정부의 책임
① 반연방주의자 : 다수의 의원
둘째로, 단지 소공화국에서만 정부가 인민에 대해 진정한
책임을 진다는 반연방주의자의 주장을 살펴보자. 대부분의 반
연방주의자는 미국의 상황에서는 시민 전체가 한꺼번에 모이
는 대신에, 대의제도가 필요하다는 것을 인정했다. 문제는 의
원들로 하여금 계속해서 유권자에게 직접 책임을 지며, 유권

자에게 의지하도록 하는 것이었다. 그래서 마련된 것이 짧은 임기, 공직의 빈번한 순환, 많은 의원 수 등이다. 하지만 이러한 방안만으로는 충분하지 않다는 것이 그들의 생각이었다. 효율적으로 그리고 철저하게 책임을 지는 것은 의원들과 시민 전체가 유사해야만 가능하다고 그들은 보았다.

그러므로 반연방주의자가 문제삼았던 것은 '나라'의회보다는 연방의회 쪽이었다. 연방의회는 진정한 의미에서 인민을 대표하고 있다고 할 수조차 없었다. 반연방주의자가 볼 때, 연방의원은 '타고난 귀족' 중에서 선출되었다. 연방 헌법은 선거구를 확대함으로써 '타고난 귀족'이 다시금 정계(政界)를 지배하도록 하려고 했는데, 따라서 연방주의자가 헌법을 통해 정치에서 엘리트의 전통적인 영향력을 회복시키려 했다는 것이 반연방주의자의 생각이었다. 하지만 반연방주의자가 보기에 대의제도에서 필요한 것은 '타고난 귀족'이 지니고 있는 재능이 아니라, 거주 및 이해관계에 있어서의 의원과 유권자 간의 동일함이었다. 그들은 정부를 위해서는 그다지 큰 재능이 필요하지 않으며, 큰 재능을 지닌 사람은 대체로 공화국에 도움이 되기보다는 위험한 존재라고 생각하고 있었다.[25]

그리하여 반연방주의자는 비준회의에서 헌법에 의해 구성될 중앙정부가 인민을 충분히 그리고 적절하게 대표하지 못한다는 사실을 강조했다. 다시 말해서 '나라'의회의 실질적이고 실제적인 대의와 비교할 때 연방의회에서의 대의는 부적절하다는 것이었다. 대의가 실질적이고 실제적이려면 하원의원의 수가 적절해야 한다. 하원의원은 사람들과 섞여서 사람들이 생각하는 대로 생각하고 사람들이 느끼는 대로 느낌으로써 사람들의 이해관계와 상황을 철저히 알고 있어야 하기 때문이다. 그러므로 인구 3만 명당 겨우 한 사람씩의 의원을 선출해서 전국적으로 총 65명의 의원을 선출한다는, 하원의원의 수에 관한 헌법의 규정은 반연방주의자가 보기에는 부적절하다 못해 위험하기까지 했다.

② 연방주의자 : 적절한 대의제도

앞에서 보았듯이 반연방주의자는 대의제도를, 인민이 공동의 일을 처리하기 위해서 모일 수 없는 공동체에 필요한 하나의 방편으로 마지못해 받아들였다. 그 결과 그들은 대의제도를 시민 전체가 모이는 회의를 대체하는 것으로, 따라서 가능한 한 그 전체 회의체와 유사해야 한다고 여겼다. 하지만 연방주의자는 대의제도를 어쩔 수 없이 필요한 것으로 여기지 않고 하나의 기회로 여겼다. 그들에게 대의제도는 대공화국을 가능하게 하는 방편이었다. 헌법의 연방제에서는 대의제도를 통해서 큰 나라의 인민이 작은 나라의 인민과 마찬가지로 대표될 수 있었기 때문이다.

그렇다고 해서, 인민으로부터 너무 멀리 떨어진 사람들의 손에 너무 많은 권력이 주어지게 되면 자유가 위태로워질 수도 있다는 반연방주의자의 주장을 연방주의자가 완전히 부정한 것은 아니다. 매디슨은 연방의회의 의원이 인민의 지역적

요구에 대해 덜 민감하게 반응하리라는 것을 예상하고 있었다. 따라서 그는 크고 총체적인 이해관계는 연방의회에, 지역적이고 특별한 이해관계는 '나라'의회에 맡겨야 한다고 일찍이 주장했던 것이다.[26)]

또한 반연방주의자는, 대공화국에서는 인민이 실제로 그들 자신과 유사한 사람을 선출할 수는 없을 것이며, 따라서 의회는 불가피하게 '타고난 귀족'으로 구성될 것이라고 불평했다. 이러한 불평에 대해서 연방주의자는 인민이 자신들을 대표하기 위해서 그런 사람들을 선출하는 것은 불가피하며 또한 당연하다고 답했다. 두드러진 재능을 지닌 사람을 선출하는 것이 무엇이 잘못되었단 말인가? 반연방주의자가 '타고난 귀족'이라고 부르는 사람들은 가장 뛰어나고, 가장 신뢰를 받으며, 가장 유능한 사람들로 구성되어 있다는 것이 연방주의자의 생각이었다. 연방주의자가 보기에 이들은 바로 인민의 대표가 되어야 할 그런 부류의 사람들이었다.

마침내 연방주의자는 대의제도가 통치를 잘 할 수 있는 정부를 만들어낼 수 있을 것이라는, 대의제도의 긍정적 측면을 찾아내기에 이르렀다. 광역공화국에서 그럴 가능성이 커지는 것은 광역공화국이 소공화국보다 공공복리를 적절하게 옹호할 수 있는 사람을 정치가로 선출할 가능성이 더 높고, 부패선거에 휘말릴 가능성이 더 낮기 때문이다. 큰 선거구에서는 정치가가 광범한 지지 기반을 확보해야만 한다. 이로 인해 그 정치가가 폭넓은 견해를 지니게 될 가능성은 커지고 편파성을 띠게 될 확률은 줄어든다. 부패선거의 가능성도 줄어든다. 매수해야 할 사람이 많은 곳에서는 부패도 힘들기 때문이다. 또한 대선거구는 선동을 하든가 편협한 이해관계에 호소하든가 하는 그런 유형의 매수에 대한 보호장치이기도 하다. 요약하자면, 연방주의자에게는 대의제도가 최고의 사람들을, 또는 적어도 평균보다 나은 사람들을 지도자로 선출하는 하나의 방식이었다. 그리고 광역공화국의 큰 선거구는 그러한 사람들을 확보할 기회를 증대시켜주었다.

공화국이 필요로 하는 시민의 특성

① 반연방주의자 : 동질성

반연방주의자가 소공화국을 옹호하는 또 하나의 논거는 자유로운 공화국이 필요로 하는 시민의 부류에 관한 것이다. 그들은 인민의 성격은 정부와 법률의 영향을 받는다는 것, 하지만 연방 헌법을 기초하는 과정에서는 그러한 관계가 무시되었다는 것을 되풀이해서 강조했다. 그들은 인민의 정신이 정부에 영향을 미치는 것과 마찬가지로 정부가 인민의 정신에 영향을 미친다고 보았다. 그러므로 인민의 자유와 권리에 대해 우호적인 정부를 구성해서 시민들에게 자유를 사랑하는 마음을 길러주어야 할 터인데, 헌법을 기초한 사람들이 그 의무를 소홀히 했다는 것이다.

반연방주의자가 보기에 공화국의 시민은 자유롭고 독립적인 정신을 지녀야 할 뿐 아니라 또한 동질적이어야만 했다. 한 공화국에서 인민의 태도와 감정과 이해관계가 유사하지 않으면, 끊임없는 의견 충돌이 일어나 계속해서 서로 싸우게 되기 때문이다. 그런데 그 동질성은 개별적인 '나라'에 의해 형성된, 비교적 작은 공동체에서만 발견할 수 있다. 반연방주의자에게 동질성이란 유사성뿐만 아니라 특정한 종류의 유사성, 즉 부(富), 영향력, 교육 등에서 극단이 전혀 없는 사회, 다시 말해서 온건하고 단순하며 미덕을 지닌 인민의 동질성을 뜻하는 것이었다.

그런데 반연방주의자는 새로운 헌법을 들여다볼 때마다 미덕에 대한 위협을 느꼈다. 그들이 보기에 헌법의 요소 가운데 미덕을 해치는 대표적인 것은 상비군과 상업 두 가지였다. 상비군은 억압의 잠재적 도구일 뿐 아니라 도덕적 부패의 원천이었다. 그들은 상비군이 공동체의 여타 사람들과는 다른 이해관계와 습관을 지니고 있어 부패 및 예절 타락의 온상이 될 것이고, 상비군이 존속하는 한 미덕은 결코 성장하지 못할 것이라고 예상했다. 상업 또한 공화주의의 단순성과 미덕을 위협하는 것이었다. 반연방주의자가 보기에 상업은 부(富)를 축적하고 외세가 영향력을 행사하는 방편이었으며, 도덕을 쇠퇴시키는 결과를 가져왔다. 그러므로 사치를 배격하고 검약을 실천함으로써 인민을 훌륭한 미덕으로 이끌려고 하는 반연방주의자가 헌법비준에 반대하는 것은 당연했다.

② 연방주의자 - 다양성

반연방주의자가 공화주의의 단순성과 공공정신이 필요하다는 이유를 들어 소공화국을 옹호하는 데 맞서서, 연방주의자는 광역의 상업공화국의 다양성을 강조하고 나섰다. 우선 연방주의자는 반연방주의자가 주장하는 것과 같은 동질적 공화국은 가능하지 않다고 보았다. 연방주의자는 그런 동질적인 공화국은 상업사회 이전의 원시적인 상황 아래에서만 가능하다고 주장했다. 아메리카는 그런 원시적 공동체의 천진난만함을 잃어버린 지 오래였다. 아메리카의 세계는 이미 상업의 세계였다.

반연방주의자의 기본적인 문제는 그들이 근대 상업세계가 필요하고 또한 바람직하다는 것을 인정하면서도 한편으로는 시민적 미덕에 호소함으로써 그 세계의 특정한 경향에 대해 저항하려 한다는 것이다. 하지만 연방주의자의 관점에서 볼 때 공동선, 명예 또는 종교를 아무리 중시한다 해도 파당은 억제되지 않을 것이다. 그리고 그러한 억제책은 앞으로도 결코 성공하지 못할 것이다. 연방주의자는 문제의 해결 방안을 전혀 다른 방향에서 찾아내려 했다. 그들이 찾아낸 해결 방안은 바로 광역공화국이 지니는 다양성이었다. 즉, 광역공화국에서의 다양한 이해관계가 다수파당의 위험으로부터 공익과 개인의 권리를 보다 더 효율적으로 방어하리라는 것이다.

광역공화국은 훨씬 더 많은 시민과 더 넓은 지역을 통치할 수 있다는 사실로 인해 다수파당의 형성을 훨씬 덜 두려워해도 된다. 그 이유는 다음과 같다. 정부의 영역이 넓어지면 훨씬 다양한 파당과 이해관계를 수용하게 된다. 그리고 시민의 권리를 침해하고자 하는 다수의 공통된 동기가 존재하는 것이 더욱 불가능해진다. 만약 그런 공통된 동기가 존재하더라도 그것에 공감하는 모든 사람들이 일사불란하게 행동하는 것은 더욱 어려워진다. 그러므로 사적 자유와 공동선은 둘 다 소공화국에서보다는 광역공화국에서 더 안전할 것이다. 이것이 바로 헌법을 옹호하기 위해 씌어진 『연방주의자』의 논설 85편 가운데 가장 유명한 제10편의 내용이다.[27] 제10편의 필자인 매디슨은 "진정으로 자유로운 유일한 국가는 인민이 자유로이 선출된 대표를 통해 스스로를 통치하는 공화국이며, 그러한 공화국은 견해의 통일성을 필요로 하기 때문에 작은 단위에서만 존재할 수 있다"는 반연방주의자의 주장에 맞서, 그것과 거의 반대되는 주장을 펼쳤다. 즉, 민중의 체제는 그 크기에 정비례해서 안정되고, 오래 존속하며, 당파심에 시달리지 않는다는 것이다.[28] 이처럼 헌법을 기초한 사람들은 공화주의정부의 토대를, 그리고 공화주의정부가 지닌 문제를 해결할 방안을 광역공화국에서 찾아냈으며, 그 결과로 나온 것이 바로 헌법이었다.

헌법, 미국혁명의 완성인가 배신인가

1788년 6월, 버지니아 비준회의는 패트릭 헨리의 그토록

1788년에 뉴욕 주민들이 헌법의 비준을 축하하고 있는 광경.

뛰어난 헌법 반대 연설에도 불구하고 매디슨의 활약에 힘입어 89대 79로 헌법을 비준했다. 나날이 번져가던 헌법에 대한 반대 움직임은 버지니아의 비준과 7월에 있었던 뉴욕의 비준을 계기로 수그러들었다. 마침내 1789년에는 헌법에 입각하여, 조지 워싱턴(George Washington) 대통령을 수반으로 하는 새로운 연방정부가 출범했다.

결국 연방주의자는 승리했고 반연방주의자는 패배했다. 그렇다 하더라도 반연방주의자는 역사상 그들에게 합당한 위치를 아직껏 찾지 못하고 있다. 반연방주의자 역시 연방주의자와 마찬가지로 '건국의 아버지들(Founding Fathers)'로 간주되어 많은 찬사를 누리고, 건국에 관한 연구의 대상이 되어야 함에도 불구하고 현실은 그렇지 못하다. 헌법에 반대하는 그들의 주장이 실패로 끝나고 헌법이 비준됨으로써 그들은 헌법제정이라는 위대한 업적의 그늘 속으로 묻혀버리고 말았다. 게다가 그들은 '편협한 지방정치가'라거나 '원칙 없는 사람들'이라는 오명을 부여받기도 했다.[29]

하지만 비준논쟁에 관한 최근의 연구에서 밝혀진 바에 따르면, 연방주의자와 반연방주의자의 정치사상 사이에는 그다지 큰 차이가 존재하지 않는다. 미국혁명사 연구의 거장인 베일린이 밝혔듯이, 연방주의자나 반연방주의자나 인간의 본성에 대해서는 이견(異見)이 없었으며, 모두가 권력에 대해 심한 두려움을 지니고 있었고, 정부의 목적에 대해서도 별다른 차이를 드러내지 않았다.[30]

연방주의자와 반연방주의자는 정부의 목적이 개인의 권리 규정 및 이를 통한 개인의 권리 보호라는 데 의견을 같이했다. 그리고 이러한 목적을 위한 최상의 도구가 공화주의정부 형태라는 데도 의견을 같이했다. 사실 미국혁명 이후의 미국의 현실을 보는 눈은 연방주의자나 반연방주의자나 별 차이가 없었다. 그들은 모두 인간의 삶과 생각이 점점 더 공동체로부터 분리되어가고 있다는 데 의견을 같이했던 것이다.

이처럼 연방주의자와 반연방주의자 사이에 공통점이 많다고 해서 미국에는 근본적인 정치적 논쟁이 결코 존재하지 않았다는 일부 학자들의 주장이 있는데, 연방주의자와 반연방주의자의 차이점이 무시해도 좋을 정도의 것은 아니었다. 이 두 진영의 차이점이 한정된 것이긴 해도, 그럼에도 불구하고 그 차이점은 중요한 것이었다. 헌법의 비준을 둘러싼 논쟁이 그토록 치열하게 전개된 것도 바로 그 차이점에서 비롯되었기 때문이다.

결국 반연방주의자가 헌법을 둘러싼 논쟁에서 패배한 것은, 그들이 주장을 펴는 데 있어 연방주의자보다 덜 영리했다거나 정치가로서의 기술이 부족했기 때문만이 아니라 그들의 주장이 취약했기 때문이었다. 사실 반연방주의자의 주장과는 달리 미국에 소공화국이 수립될 가능성은 없었다. 공화주의정부의 토대, 그리고 그 정부가 지닌 문제를 해결할 방안은 어찌되었거나 광역공화국에서 찾아내야만 했다. 하지만 소공화국을 선호하고 시민적 미덕을 주입하는 데 관심이 있는 반연방주의자는 당시 미국에 가장 필요한 것이 통치 능력을 지닌 정부라는 사실을 인정하기를 거부했다.

이처럼 중앙집권화된 권위에 대한 의구심은 미국 역사에서 그 뿌리가 깊은 것이었다. 그들은 중앙의 권위는 불신하면서 한편으로 '나라' 및 지방정부의 능력에 대해서는 놀라울 만큼 신뢰했다. 그들은 헌법에 의해 수립될 광역의 공화국이 인민의 자유와 권리를 보장할 수 있다고는 믿지 않았다. 동질적인 인민을 지닌 소공화국만이 인민의 자유와 권리를 보장할 수 있다는 믿음을 지닌 그들에게는 '나라'만이 개인을 위한 자유의 보루였다. 그러므로 그들이 보기에 제안된 헌법은 정부의 위엄을 위해서 인민의 권리를 희생시킨 것에 불과했다. 그리고 헌법을 기초한 사람들은 자치정부, 즉 혁명기에 인민이 스스로 만들어낸 '나라'정부에 대한 믿음이 불충분한 사람들이었다.

지금까지 우리는 헌법의 비준을 둘러싸고 버지니아 비준회의에서 있었던 논쟁을 중심으로 제임스 매디슨을 비롯한 연방주의자가 무엇을 주장했는가, 그리고 패트릭 헨리를 비롯한 반연방주의자가 무엇에 반대했으며 무엇을 주장했는가를 밝혀내려 했다. 이 과정에서 새로이 알아낸 사실은 반연방주의자도 나름의 정치이론을 지니고 있었다는 것이다. 흔히들 반연방주의자가 근본적으로 헌법에 반대했으므로 그들이 나름대로의 이론은 지니지 못한 채 단순히 반대의사만을 표명했다고 생각한다. 하지만 반연방주의자가 헌법에 대해 내린 부정적인 결론은 그들이 지닌 긍정적인 정치이론 내지 정치원리에서 나온 것이었다.

요약하자면, 매디슨을 비롯한 연방주의자는 헌법이 창출한 광역공화국을 통해서 미국혁명 본래의 목적을 달성하려 했다. 그 본래의 목적이란 인간이 자유의 축복을 자유로이 누릴 수 있는 안전하고 질서 있는 정부를 세우는 것이었다. 매디슨이 보기에 인민의 권리는 다른 어느 체제에서보다 헌법의 새로운 체제, 즉 광역공화국체제에서 더 잘 보장될 것이다. 정의와 자유는 광역공화국에서 더 잘 추구되고 달성된다는 것이 그가 헌법에 대해 숙고한 끝에 내린 결론이었다. 그러므로 헌법은 연방주의자에게는 미국혁명의 '완성(fulfillment)'이었다.[31]

그러나 패트릭 헨리로 대표되는 반연방주의자가 보기에 헌법은 위험하기 짝이 없는 것이었다. 헌법에는 권리장전을 비롯해서, 인민의 기본적 자유를 보장할 수 있는 장치가 전혀 없었다. 그러므로 헌법에 의해 수립될 강력하고 통합적인 정부가 언제 인민의 자유를 침해할지 모르는 일이었다. 반연방주의자가 보기에, 「독립선언서」와 본질적으로 합치하지 않는 헌법은 미국혁명을 배신한 것이었다.

헌법제정기 II : 미덕의 정치

헌법제정과 미덕

　미국 헌법을 제정하는 데 앞장섰던 연방주의자는 새 공화국의 존립을 위해 미덕이 불가결하다고 보았는가? 아니면 헌법의 제정을 통해서 미덕이 필요 없는 공화국을 창출하려고 했는가? 역사학자 고든 우드는 현대의 고전이라고 불리는 그의 저서 『아메리카 공화국의 창건, 1776~1787』에서, 1780년대 말에 미국에서 이미 미덕이 상당한 정도로 소멸되어 그 원상회복이 쉽지 않으리라고 믿었던 연방주의자가 전적으로 새롭고 독창적인 종류의 공화주의정부, 즉 그 유지를 위해서 미덕을 지닌 인민을 필요로 하지 않는 공화국을 만들어내려 했다고 주장한다. 다시 말해서 연방주의자가 주도한 연방 헌법의 제정은, 미덕을 지닌 인민을 존립의 기반으로 삼는 전통적인 공화국과 달리 미덕을 지닌 인민을 필요로 하지 않는 새로운 공화국을 창출하려는 시도였다는 것이다. 우드에 의하면 연방주의자가 이러한 시도를 하게 된 것은, 미국혁명 이후 수년간의 경험을 통해서 인민이 공화주의정부를 지탱할 수 없다는 것이 입증되었기 때문이었다.[32]

한편 게리 윌즈(Gary Wills)는 알렉산더 해밀턴과 제임스 매디슨 등의 연방주의자가 연방 헌법을 옹호하기 위해 저술한 논설집인 『연방주의자』에서 미덕이 공화국의 존립을 위해서 절대적으로 필요하다고 주장했다고 봄으로써 우드와는 상반되는 주장을 펼치고 있다.[33]

정말로 헌법제정자들은 미덕이 없이도 작동되는 정치체제를 만들어내려고 했는가? 아니면 미덕을 지닌 인민이 존재하지 않는 공화국은 꿈도 꾸어보지 못했는가? 이 문제를 제대로 풀기 위해서는 매디슨을 비롯한 연방주의자가 당시에 인간과 미덕에 대해 어떠한 생각을 지니고 있었는가라는 문제가 먼저 밝혀져야 한다. 공화국의 존립과 관련한 미덕의 필요성을 두고 이토록 상반된 견해가 나오게 된 것은 인간의 본성에 관한 연방주의자의 견해를 양측이 상반되게 파악하고 있기 때문이다.

그러므로 여기서는 먼저 연방주의자의 대표적 인물인 매디슨의 인간관을 밝히고, 그 다음으로 연방주의자의 인간관에 입각해서 그들이 이룩하려고 했던 공화국의 모습은 어떠한 것이었는가를 살펴보려 한다. 왜냐하면, 매디슨이 『연방주의자』
에서 주장했듯이, 정부는 인간 본성의 반영에 다름 아니기 때
문이다.[34]

인간의 본성에 관한 매디슨의 견해

　20세기 중반에 이르기까지 매디슨이 홉스(Hobbes)의 보편
주의에 입각하여 인간의 본성에 대해 비관적 견해를 지니고
있었다는 주장이 광범하게 제기되었다. 즉, 매디슨은 인간을
단지 이기적인 동기에 의해서만 행동하고, 타인의 이익을 이
해하지 못하며, 타인에 의한 지배를 두려워하고, 권력을 갈망
하는 존재로 단정했다는 것이다.[35]

　하지만 20세기 말에 이르러 인간 본성에 관한 매디슨의 견
해가 홉스적이 아니라는 주장이 대두하기 시작했다. 즉, 인간
의 본성에는 사리(私利)뿐 아니라 미덕도 존재한다는 것을 매
디슨이 알고 있었다는 것이다. 지성사가(知性史家)인 포콕과
윌즈는 매디슨이 미덕과 미덕을 지닌 행동에 대해 활발한 관
심을 지니고 있었으며, 매디슨이 홉스주의자가 아니라 인간의
본성에 대해 낙관적인 견해를 지니고 있었다고 주장했다.[36]

　과연 인간의 본성에 관한 매디슨의 견해는 비관적인 것이
었는가? 아니면 낙관적인 것이었는가? 근래에는 매디슨이 『연
방주의자』에서 인간 본성과 관련해서 사실적인 입장을 취하
고 있었다는 데 많은 학자들이 의견을 같이하고 있는 것 같다.

사실 『연방주의자』에서 매디슨은 인간 본성에 관해 낙관적이지도 비관적이지도 않았다. 『연방주의자』를 비롯한 매디슨의 글들을 보면 매디슨이 때로는 홉스적인 것처럼 보이는 언어를 쓰면서도 다른 한편으로는 인간이 인정이 많으며, 공적인 문제를 다룰 때는 사적인 이해관계를 초월할 수 있다고 주장하고 있음을 알 수 있다. 인간의 본성에 관한 매디슨의 생각은 『연방주의자』의 다음과 같은 부분에서 잘 드러난다.

> 인간에게 상당한 정도의 신중성과 불신을 필요하게 만드는 다소의 타락이 존재하는 것처럼, 인간의 본성에는 상당한 몫의 존경과 신뢰를 정당화해주는 다른 자질들이 존재한다. 공화주의정부는 다른 어떤 형태보다도 더 큰 정도로 이러한 자질들이 존재한다는 것을 전제로 하고 있다.[37]

위의 글에서 알 수 있듯이, 매디슨은 인간의 본성 가운데 "상당한 몫의 존경과 신뢰를 정당화해주는" 측면이 당시의 미국인에게 존재한다고 보고, 이러한 특성을 미덕이라고 불렀다. 즉, 매디슨은 미국 시민들이 잠재적으로 미덕을 지니고 있다고 가정했던 것이다. 그리하여 그는 『연방주의자』에 실린 논설 제39편을 비롯한 여러 곳에서 미국인들이 미덕을 지니고 있으며, 따라서 미국인들에게 걸맞은 정부는 공화주의정부라고 주장했다.

하지만 인간의 본성에 대해 매디슨이 낙관론만 펼치고 있었던 것은 아니다. 매디슨은 현재의 미국인들이 공화주의적 미덕을 지니고 있을는지는 모르나 그들이 미덕만 지니고 있는 것은 아니라는 것을 알고 있었다. 즉, 그는 인간의 본성이 다면적이라고 보았던 것이다. 그는 『연방주의자』의 여러 곳에서 인간의 이기심과 독재의 가능성에 주목한다. 인간의 본성 가운데 매디슨이 가장 두려워하는 것은 파당(派黨, faction)이다. 그에게 있어 파당은 미덕과 반대였다. 미덕이 자신의 이익보다 전체의 이익을 선호하는 것이라고 한다면 파당은 사리를 공익보다 우위에 두기 때문에 민중정부에 위험한 것이었다.

파당의 잠재적 원인은 이처럼 인간의 본성에 그 씨가 뿌려져 있다. 그리고 우리는 그것(파당의 원인)이 어디에서나 시민사회의 상이한 환경에 따라서 상이한 정도의 활동을 하게 됨을 본다.……그리하여 그들로 하여금 자신들의 공동선을 위해 협동하기보다는 서로를 성가시게 하고 억압하고 싶도록 만든다. 서로에 대한 증오심에 빠지는 인류의 이러한 성향이 너무도 강해서, 아무런 실질적 기회가 생기지 않는 곳에서는 가장 하찮고 변덕스러운 차이로도 그들의 비(非)우호적인 열정에 불을 지피고, 그들 사이에 가장 격렬한 투쟁을 야기하기에 충분하다.[38]

이처럼 매디슨은 『연방주의자』 제10편에서 파당에 관해 논의하면서 미국인들이 파당의 위험으로부터 완전히 벗어나지 않았다는 것을 지적했다. 매디슨이 보기에 민중정부에 대한 대부분의 실험이 맞닥뜨리게 되는 위험이 바로 파당이었다. 그리고 미국혁명 이후 아메리카대륙에서 출범한 여러 '나라' 정부를 망쳐버린 것도 바로 파당의 폐해였다. 사리가 공익보다 우위에 있다는 것은 모든 민중정부의 파멸 원인으로, 반드시 막아내야만 하는 것이었다.

요약하면, 매디슨은 인간의 본성이 양면성을 띠고 있다는 것을 파악하고 있었다. 그는 인간이 자기 자신의 이해관계보다 더 큰 이해관계에 따라서 행동할 수 있는 것처럼, 파당을 지어 행동할 수도 있다는 것을 알고 있었다. 그는 또한 미국인들이 공화주의의 미덕을 지니고 있다고 믿었다. 이처럼 인간 본성에 대해 사실적인 견해를 지니고 있던 매디슨이 할 일은 이제 그러한 인간 본성에 맞는 정치체제를 만들어내는 것이었다.

미국 헌법, 시스템의 정치인가 미덕의 정치인가

매디슨을 비롯한 연방주의자가 헌법의 제정을 통해서 만들어내려 했던 정부는 어떠한 정부인가? 이에 대한 역사가 우드의 견해를 먼저 살펴보자. 연방주의자가 인간의 본성에 관해 사실적인 견해를 지니고 있었다는 데는 우드도 동의한다. 우드의 주장은 다음과 같다.

연방주의자들을 포함한 '건국의 아버지들'은 1780년대에 인간성에 대해 사실적이고 비감정적인 인식을 지니고 자신들의 과업을 추진했다. 이는 자신들이 통상과 이해관계의 시대에 살고 있다는 것을 (그들이) 알고 있었기 때문이었다. 그들 중 대부분은 미국이 통상에 열중하는 것을 환영했는데, 이때의 통상이란 해외무역을 뜻했다. 그들은 통상의 중요성을 믿었으며, 통상이 인민을 순화시키고 문명화하는 주요 동인(動因)임을 알고 있었다. 그래서 그들은 일반적으로 통상의 증대를 촉진하기 위해 정부의 힘을 이용하기를 갈망했던 것이다. 또한 그들은 이해관계에 대해서도 전부 알고 있었다. 그들은 이해관계를 피해갈 수 없으리라는 것 그리고 그 영향력이 널리 미치리라는 것을 인정하고, 그 힘을 존중했다.

　　1776년에 미국혁명이 시작된 이래 혁명의 지도자들은 공공복지를 위해서 대부분의 사람들이 자신들의 개인적인 이익을 희생하리라고 기대하는 것이 어리석다는 것을 깨우치게 되었다. 혁명 초기에 이미 사치와 부패의 징후가 넘쳐나고 있었다. 미덕은 그 존재 자체가 드문데다, 끊임없이 위험에 처해 있었다. 조지 워싱턴은 이러한 상황을 일찌감치 알고 있었다. 워싱턴은 미국혁명이 시작된 지 얼마 안 된 1776년에 이미, 사병 가운데 이해관계가 아닌 다른 어떤 원칙의 영향을 받을 것으로 보이는 사람은 하나도 없다는 것을 깨달았다. 또한 워싱턴이 보기에는 장교 가운데서도 미덕의 원칙에 따라 행동할 사람은 단지 소수로서, '대양 속의

물방울 하나'에 불과했다.

1780년대에 이르면 공익을 위해서 사리를 희생하는, 그런 고전적 공화주의는 이미 케케묵은 것이 되어버렸다. 혁명의 지도자들은 고전적 공화주의의 이상이 얼마나 비현실적이며 실현 불가능한가를 재빨리 간파했다. 그들 가운데 많은 사람들이 이해관계로 가득 찬 현실을 직시했다. 다시 말해서 '건국의 아버지들'은 인민에게서 그들이 할 수 있는 것 이상의 것을 기대하는 몽상가가 아니었다. 그들은 인간의 본성을 있는 그대로 수용했던 것이다. 지루하게 계속된 독립전쟁, 전쟁이 끝난 뒤에 경제적 곤란으로 촉발된 지방의 여러 가지 입법, 그리고 이로 인해 생겨난 불만과 환멸은 기존의 연합체제를 송두리째 바꾸려는 움직임의 근간을 이루었다. 시대는 바야흐로 파당과 사치와 방탕으로 가득 차 있는 것 같았다. 인민이 모든 공화국이 의존하고 있는 것으로 치부되는 공공의 기질, 즉 미덕을 보여주지 못한다는 사실로 인해 미국혁명에는 위기가 닥쳤다. 그리하여 매디슨을 비롯한 연방주의자는 '정치적 미덕이 없음에도 불구하고' 훌륭한 정부를 보장할 새로운 정치체제를 만들어내고 또한 그것을 정당화하지 않을 수 없었다.[39]

이것이 연방주의자가 미덕이 없이도 작동하는 정치체제, 즉 연방 헌법에 기초한 새로운 정치체제를 만들어냈다는 우드의 주장이다.

그런데 미덕과 헌법제정에 관한 우드의 해석은 여기서 끝나는 것이 아니다. 미덕이 소멸되어 인민이 공화주의정부를 지탱할 수 없으리라고 믿었다고 해서 연방주의자가 '미덕의 정치'의 가능성을 완전히 배제한 것은 아니었다. 연방주의자가 통상과 이해관계가 지배하는 현실을 인정했다고 해서, 다시 말해서 그들이 인간 본성에 대한 사실적 인식을 지니고 있었다고 해서 '미덕의 정치'의 가능성을 아직 완전히 포기하지는 않았다는 것이다. 우드의 주장을 정리하면 다음과 같다.

연방주의자는 이해관계와 통상이 지배하는 현실을 수용했음에도 불구하고 도시공동체적 인문주의의 전통을 포기하지 못했다. 도시공동체적 인문주의는 18세기 영국과 미국의 거의 모든 엘리트의 사고를 지배했던 고전적 전통으로, 18세기 말의 근대적 금융 및 통상의 발달로 인해 매우 손상되고 약화되었으나 연방주의자들은 여전히 이를 고수했다. 이미 여러 '나라'의 정치 지도자들에 대해 환멸을 느꼈음에도 불구하고 연방주의자는 1787년에 헌법을 제정할 때, 사회 내에서 적어도 약간의 개인은 눈앞의 물질적 이해관계를 초월하여 공익에 헌신할 수 있을 정도의 미덕은 지니고 있을 것이라는 희망을 버리지 않았다. 정치적 지도력이 본질적으로 성품의 문제라는 고전적 사상에서 벗어나지 못했던 연방주의자는 정치 지도자의 자질 가운데서 가장 핵심적인 것이 공평무사함이라고 보았다. 연방주의자가 말하는 공평무사함은 미덕이라는 고전적 개념과 동의어였다. 연방주의자는 사회의 극히 작은 일부분에서만, 즉 18세기에 '신사(gentlemen)'라고 불린 사람들 가운데서만 공평무사한 정치적 지도력을 지닌 사람을 발견할 수 있다고 보았다.

1787년에 필라델피아에서 개최된 제헌회의에 모인 대표들은 관리들이 공평무사함, 즉 미덕을 지녀야 한다고 주장했는데, 대표들 가운데서도 특히 매디슨이 그러했다. 매디슨은 충돌하는 이해관계가 어디에나 존재하며, 그것이 '나라' 입법부의 정치에 큰 해를 끼치고 있다는 것을 알고 있었다. 하지만 그는 성품이 훌륭한 사람들을 공공복지의 수호자로서 정부관리로 앉히는 것이 가능하리라는 희망을 버리지 않았다. 매디슨은 미국 사회의 이해관계의 복합성을 냉철하게 인식하고 있었음에도 불구하고 이들 충돌하는 이해관계와 당파가 전국적인 규모의 공화국, 즉 광역공화국 안에서 중화됨으로써 교육을 받은 합리적인 사람들이 공평무사한 방식으로 공익을 증진시킬 수 있게 되기를 희망했다.[40]

위와 같은 주장에 따르면, 매디슨은 헌법에 의해 구성될 새로운 중앙정부가 사회 내의 여러 상이한 이해관계의 통합자 및 조정자가 되기를 기대했던 것이 아니라, 중앙정부가 '나라' 내의 여러 상이한 이해관계 사이의 다툼에서 공평무사한 심판이 되기를 기대했다고 볼 수 있다. 다시 말해서 연방주의자의 헌법안은, 미국에는 중립적인 심판으로 활동할 약간의 공평무사한 '신사'가 존재한다는 믿음에 입각한 것이었다. 이런 의미

에서 헌법은 '미덕의 정치'의 가능성이라는, 미국혁명의 크나
큰 희망을 실현하려는 노력이었다는 것이다.

또한 우드의 해석에 따르면, 연방주의자는 보통 사람들(com-
moners)에게는 미덕이 없으며 미덕은 '신사', 즉 타고난 엘리
트만이 지닐 수 있는 자질이라고 분명히 못박는 이분법적 세
계관을 지님으로써, 도시공동체적 인문주의라는 고전적 전통
을 고수한 사람들이었다.

과연 매디슨은 미덕이 없이도 작동되는 정치체제를 만들었
는가? 우드의 주장과는 달리 매디슨이 1787년에 헌법을 제정
하는 과정에서 강조하려 했던 것은 미덕이라기보다는 제도였
다. 매디슨은 『연방주의자』 제10편에서 미덕이 아닌 다른 무
엇인가가 공화주의체제를 유지하는 데 있어 주요 변수임을 시
사하고 있다. 매디슨이 제10편에서 말하려고 했던 것은 공화
주의체제가 전통적으로 미덕에 의존한 것이 지나치게 순진하
다는 것이었다. 그것이 지나치게 순진하다는 증거를 매디슨은
'나라' 헌법 아래서의 11년간의 경험에서 찾았다. 매디슨이 보
기에 '나라' 헌법이 실패한 것은 그것이 시민의 미덕에 주로
의존했기 때문이었다. 이제 매디슨은 실패한 '나라' 헌법의 공
화주의를 연방 헌법의 새로운 공화주의로 대치하려 했다. 연
방 헌법의 공화주의는 이제 미덕이 아닌 다른 무엇에 의존하
게 될 것이었다. 그 무엇은 바로 연방 헌법에 의해 세워질 광
역공화국이 지니는 가장 큰 장점, 즉 이해관계의 다양성에서
비롯된 완화효과였다.

1787년에 연방 헌법이 제정되기 전까지는 공화국이 성공하려면 그 크기가 작아야 한다는 것이 통설이었다. 공화국의 크기가 작아야 사회적 동질성을 증대시킬 수 있다는 것이다. 사회적 동질성이 정치적 갈등을 줄이고, 그럼으로써 파당이 대두할 가능성을 감소시키리라는 것이다. 이것이 몽테스키외 이래의 소위 '소공화국론'이었다.

　　그러나 매디슨은 '소공화국론'과 완전히 반대되는 주장을 펼쳤다. 매디슨의 주장의 요점은 소공화국에서도 결코 완전한 동질성은 존재하지 않으리라는 것이었다. 소공화국에서 동질적인 것은 주민 전체가 아니라 다수에 불과할 것이다. 거기에도 여전히 다수와 소수가 있을 것이다. 재산, 견해, 열정에 있어서의 완전한 평등과 동화(同化)란 있을 수 없다. 이러한 상황에서 무엇이 다수로부터 소수를 보호할 것인가? 게다가 다수는 동질적이기 때문에 강력하기까지 하다. 따라서 힘이 약한 개인이나 집단의 희생을 막을 수 있는 것은 아무것도 없다. 평등권을 규정한 문서도 아무 소용이 없을 것이다. 미덕도 마찬가지로 소용이 없을 터였다.

　　다수의 폐해를 시정하는 방법은 단지 공화국, 즉 대의제가 시행되는 정부에서만 기대할 수 있다. 공화국의 경우, 시민이 선출한 소수의 대표에게 정부를 위임한다. 대중의 의견을 선출된 시민집단이라는 매개체에 통과시킴으로써 이를 여과하고 확대시키는 것이다. 선출된 집단의 현명함, 애국

심, 정의에 대한 애정으로 인해 그들의 목소리는 같은 목적으로 소집된 국민의 직접적인 의견보다 공익에 더욱더 조화될 수 있을 것이다. 하지만 최근의 역사가 보여주듯이 공화국에서도 이러한 치유책으로, 즉 선출된 시민단이라는 매개체로 충분하지 않다. 당파성을 지닌 사람들이 음모, 부정(不正) 또는 다른 수단으로 우선 참정권을 얻은 다음 국민의 이익을 배신할 수 있기 때문이다. 단지 넓은 대규모의 공화국에서만 치유책이 완전에 가까울 수 있다. 대공화국에서는 첫째, 더 많은 선택권을 가지고 결과적으로 적절한 인물을 선택할 수 있는 가능성이 훨씬 더 높다. 둘째, 각 대표가 훨씬 더 많은 시민에 의해 선출되기 때문에 자격 없는 후보보다는 안정된 성품과 장점을 지닌 사람이 선출될 가능성이 높다. 대공화국은 더 많은 수의 시민들을 포괄하는 더 넓은 영역의 국가라는 점, 즉 민주주의보다 훨씬 더 많은 시민과 더 넓은 지역을 통치할 수 있다는 사실로 인해, 민주주의정부보다 파당의 형성을 훨씬 덜 두려워해도 된다. 그 이유는 다음과 같다. 정부의 영역이 넓어지면 훨씬 다양한 파당과 이해관계를 수용하게 된다. 그리고 시민의 권리를 침해하고자 하는 다수의 공통된 동기가 존재하는 것이 더욱 불가능해진다. 만약 그런 공통된 동기가 존재하더라도 그것에 공감하는 모든 사람들이 일사불란하게 행동하는 것은 더욱더 어려워진다.[41]

이것이 매디슨이 쓴 『연방주의자』 제10편 가운데 광역공화국에 관한 내용이다. 위의 글을 읽을 때 유의할 것은, '민주주의'와 '공화정'은 각각 오늘날의 '직접민주주의'와 '대의민주주의'를 뜻한다는 사실이다. 당시에는 많은 사람들이 '민주주의'가 평화롭고 안정된 정부와 대비된다고 여겨 두려워했다. 연방주의자들은 '민주주의'의 특징이 선동, 무질서, 폭력 및 혼란이라고 보고 특히 두려워했으며, '공화정'을 훨씬 우월한 것으로 여겼던 것이다.

이 제10편 논설에서 매디슨이 내놓은 처방이 바로 '광역공화국론'이다. 사회적 동질성보다는 오히려 사회적 이질성이 파당화되지 않은 다수를 만들어내리라는 게 매디슨의 생각이었다. 다양한 이해관계를 지니고 있는 이질적인 사회에서는 어떤 하나의 이해관계가 지배적인 위치를 차지하지는 못할 것이다. 그러므로 매디슨이 보기에 공화주의적 자유를 유지하기 위해서 필요한 것은 전통적인 공화주의사상을 거꾸로 뒤집는 것이었다. 즉, 매디슨은 몽테스키외 이래의 '소공화국론'과 거의 반대되는 주장을 펼쳤다. 민중의 체제는 그 크기에 정비례해서 안정되고, 오래 존속하며, 당파심에 시달리지 않는다는 '광역공화국론'이 바로 그것이다.

매디슨이 이처럼 '나라' 헌법의 공화주의를 연방 헌법의 새로운 공화주의로 대치하려 했다는 사실, 즉 미덕에 의존하는 옛 체제 대신에 광역공화국이 지니는 장점에 의존하는 새로운 체제를 만들어내려 했다는 사실은 그가 헌법의 제정 과정에서 강조하려 했던 것이 미덕이 아니라 제도였음을 말해준다. 매디슨을 비롯한 연방주의자는 헌법제정 과정을 통해 미국 내의 상충하는 여러 이해관계를 조정하고 조화시킬 장치를 제공했던 것이다.

그렇다고 해서 우드의 주장처럼 매디슨이 미덕이 없이도 작동하는 정치체제를 만들어내려 했다고 보기는 어렵다. 물론 헌법을 제정하는 과정에서 매디슨이 강조하려 했던 것은 미덕이 아니라 제도였다. 하지만 그는 새 체제가 제도만으로는 작동이 안 된다는 것을 잘 알고 있었다. 이러한 그의 생각은 그가 1788년 6월, 버지니아 헌법비준회의*에서 했던 연설에서 잘 드러난다.

> 어떤 이론적인 견제도, 어떤 정부형태도 우리를 안전하게 해줄 수 없습니다. 어떠한 정부형태라도 인민에게 어떤 미덕도 없는 상태에서 자유나 행복을 보장해주리라고 가정하는 것은 괴이한 생각입니다.[42]

사실 매디슨만큼 정부의 시스템에 관해 깊이 생각했음에도 불구하고 기계적 장치로는 여전히 충분하지 않다고 밝힌 미국인도 없을 것이다. 매디슨을 비롯한 연방주의자는 필요한 권력을 발생시키기는 하지만, 그 흐름과 이용이 너무도 분배되어 있어 어떤 한 개인이나 기관이 국가를 지배할 수 있을 정도의 힘이나 영향력을 결코 독점하지 못할 헌법을 고안해냈다. 하지만 이처럼 자유주의적인 기계적 권력분립장치만으로는 헌법이라는 복잡한 시스템을 작동시키기에는 충분치 않았다. 자유롭고 안전한 정부가 마련되려면, 그 정부형태가 무엇이든 간에 어느 정도의 미덕이 필요하다는 것이 그들의 생각이었다.

그러므로 연방주의자가 미덕이 없이도 작동하는 정치체제를 만들어냈다는 우드의 주장은, 헌법제정의 한 측면만을 강조한 것으로서, 올바른 해석이라고 보기 어렵다. 이제까지 살펴본 대로, 헌법을 제정하는 데 앞장섰던 연방주의자는 시스템이라는 자유주의 요소와 미덕이라는 공화주의 요소 모두가 중요하다는 것을 인식하고 있었고, 따라서 이 두 요소가 공존하는 정치체제를 모색했다. 그 결과로 나타난 것이 바로 헌법이었다.

미국 헌법, 엘리트에 의한 정치인가

연방주의자는 정말 헌법제정을 통해 소수의 타고난 엘리트에 의한 '미덕의 정치'를 실현하려 했는가? 앞에서 살폈듯이, 매디슨을 비롯한 연방주의자는 헌법이 작동하려면 어느 정도의 미덕이 필요하다고 보았다. 이렇게 볼 때 매디슨을 비롯한 연방주의자가 1780년대에도 여전히 '미덕의 정치'의 가능성을 완전히 배제한 것은 아니라는 우드의 주장은 상당히 일리가 있다.

하지만 우드는 연방주의자들이 미덕의 주체를 소수의 타고난 엘리트로 한정했다고 주장한다. 우드에 따르면, 연방주의자는 미덕을 지닌 소수의 타고난 엘리트가 미국 내의 여러 상이한 이해관계 간의 다툼에서 공평무사한 심판이 되리라고 믿었다. 다시 말해서 연방주의자는 보통 사람들에게는 미덕이 없으며 미덕은 '신사', 즉 타고난 엘리트만이 지닐 수 있는 자질이라고 못박았다는 것이다. 정말로 그러했는가? 먼저 『연방주의자』에서 매디슨이 한 주장을 살펴보자.

모든 정치적 헌법의 목적은 우선 사회의 공동선을 분별할 최고의 지혜와, 그것을 추구할 최고의 미덕을 소유하고 있는 사람들을 지배자로 확보하는 것, 그리고 그 다음으로는 그들이 대중의 신뢰를 받고 있는 동안 계속해서 미덕을 지니도록 할 가장 효과적인 예방책을 취하는 것이거나 또는 취하는 것이어야만 한다.[43]

위의 글에서 알 수 있는 것은 매디슨이 대부분의 혁명 지도자들과 마찬가지로 '미덕의 정치'의 가능성을 계속해서 주장했다는 사실이다. 매디슨은 미국 사회에는 의원이 되기에 충분한 미덕을 지니고 있는 인물들이 존재한다는 공화주의적 희망을 견지하고 있었던 것이다.

이 인용문뿐 아니라 『연방주의자』의 여러 곳에서 매디슨은 의원이 지녀야 할 자질에 관해 언급하고 있다. 그가 보기에 의원이 되는 데 필요한 것은 부(富)나 출신, 종교적 신념이나 직

업과 같은 자격조건이 아니라 유권자의 평가와 신뢰를 얻을 수 있는 자질이었다. 매디슨이 들고 있는 의원의 자질에는 올바른 의도, 건전한 판단력, 계몽된 견해, 덕망 있는 정신 자세, 정의와 공익에 한정된 관심 등이 있으나 이 자질들은 모두 '사회의 공동선'을 분별할 '지혜'와 '사회의 공동선'을 추구할 '미덕'이라는 두 개의 커다란 범주에 포괄될 수 있다.

미국 사회에는 의원이 될 자질을 지닌 인물이 존재하므로, 이제 헌법의 첫 번째 목표를 달성하기 위해 해야 할 일은 그러한 자질을 지닌 인물을 지도자로 선출하는 것이었다. 이 일은 광역공화국의 적절한 대의제도에 의해 잘 실행될 것이다. 두 번째 목표, 즉 지도자들이 공직에 있는 동안 계속해서 '미덕'을 지니도록 하려는 목표는 어떻게 달성할 수 있을 것인가? 이 목표는 정기적인 선거에 의해 달성될 수 있을 것이다. 결국 공직에 입후보한 사람들 가운데서 누가 그 공직에 적합한 인물인가를 골라내어, 그런 인물들만 계속해서 공직에 있도록 하는 것이 선거였다. 그리고 이 선거를 담당하는 것은, 즉 '지혜'와 '미덕'을 지닌 인물을 가려내는 것은 바로 시민이었다.

그러나 나는 이 위대한 공화주의 원칙, 즉 인민은 미덕과 지혜를 지닌 인물들을 선출할 미덕과 지성을 지닐 것이라는 원칙을 언급하겠습니다. 우리들에게 미덕이라고는 전혀 없습니까? 만일 그렇다면 우리는 비참한 상황에 처해 있는 것입니다.……공동체에 충분한 미덕과 지성이 존재한다면 그

것은 이들 인물들을 선출하는 데서 발휘될 것입니다. 그러
므로 우리는 그들의 미덕에 의존한다거나, 우리의 지배자들
을 신뢰한다거나 하지 않고, 그들을 선출할 인민을 신뢰합
니다.[44]

이 인용문은 매디슨이 1788년에 버지니아 헌법비준회의에
서 행한 연설 가운데 일부이다. 이 글을 보면, 매디슨이 신뢰한
것은 소수의 지배자와 그들의 미덕이 아니었다. 그가 궁극적으
로 신뢰한 것은 지배자를 선출할 인민과 인민이 지닌 미덕이
었다. 이처럼 매디슨은 인민에게는 '미덕과 지혜를 지닌 인물
들을 선출할 미덕'이 존재한다고 믿었다. 그는 인민이 근본적
인 미덕, 즉 전체적으로 선거에 입각하고 있는 체제를 유지하
기에 충분한 미덕을 여전히 지니고 있다고 믿었던 것이다.

정리하면, 헌법을 둘러싸고 벌어진 논쟁에서 문제가 된 것
은 미덕의 유무(有無)가 아니라 미덕의 수준이었다. 인민에게
미덕이 넘쳐나는가 하면 전혀 미덕이 없는 상태에 이르기까지,
미덕에는 여러 상이한 수준이 있었다. 미국혁명 초기에 존재했
던 13개의 소규모 공화국, 그리고 그 공화국들의 헌법을 작동
하는 데 필요한 미덕의 수준은 비현실적으로 높은 것이었다.

하지만 헌법이 요구하는 것은, 몽테스키외가 묘사한 것과
같은 영웅적이며 공평무사한 고전적 미덕도 아니요, 18세기
영국의 반정부사상이나 초기 미국혁명사상에서 말하는 그런
종류의 미덕도 아니었다. 다시 말해서 헌법이 필요로 하는 미

덕의 수준은, 소공화국이나 미국혁명 초기의 '나라' 헌법이 필요로 하던 미덕처럼 그 수준이 비현실적으로 높은 것이 아니라 보다 사실적인 것, 즉 선거에 입각하고 있는 체제를 유지하기에 충분한 미덕이었다.

인간의 본성에 대한 사실적인 견해를 지니고 있던 연방주의자는 연방 헌법을 제정하는 과정에서 그리 높지도 낮지도 않은 수준의 미덕, 즉 보다 사실적인 수준의 미덕에 토대를 둔 그런 헌법을 만들어내려고 했던 것이다.

헌법 : 미국혁명의 완성

미국 역사가 캐롤 버킨(Carol Berkin)은, 1787년 여름에 필라델피아 제헌회의에서 미국 헌법이 제정되는 과정을 아주 자세하게 묘사한 역사책을 펴냈다. 그 책의 제목은『훌륭한 해결책 : 미국 헌법의 발명』(2002)이다. 그런데 이 길지 않은 제목이 바로 우리가 이 글에서 다루고 있는 18세기 말의 미국 역사를 함축하고 있다.

1770년대에 아메리카의 식민지인들은 영국정부의 압제에서 벗어나 자유를 찾기 위해 혁명을 일으켰다. 1760년대부터 식민지인들에게 영향을 미치기 시작해서 1770년대에 마침내 그들을 혁명으로 몰고 간 이데올로기는 '자유주의적 공화주의' 또는 '근대적 공화주의'라고 불리는데, 이 이데올로기는 국가의 권력으로부터 개인을 해방시키는 데 그 핵심이 있다. 식민지인들은 온갖 역경을 딛고 1783년에, 7년도 넘게 지루하게 계속된 독립전쟁을 마침내 승리로 마감했다. 전쟁중이던 1781년에 그들은 연합헌장을 제정하고, 그에 따른 연합(the Confederation)을 출범시켰다. 하지만 그들은 새 공화국이 당면한 복합적 난제(難題)를 풀지 못했고, 얼마 안 가 국가는 위기에 직면했다. 기존의 연합체제로는 이 위기를 극복할 수 없다고 판단한 미국인들은 연합헌장을 개정하기 위해 소집된 1787년의 필라델피아회의에서 헌법을 제정했다. 그들은 이 헌법을 통해서 연방이라는 새로운 체제를 '발명'해냈다. 헌법의 제정은 그들이 당면한 여러 문제에 대한 그야말로 '훌륭한 해결책'이었던 것이다.

하지만 새 체제의 주창자인 연방주의자와 새 체제에 반대하는 반연방주의자는 헌법과 새 국가의 앞날에 대해 전혀 다른 전망을 하고 있었다. 연방주의자는 만일 헌법이 비준을 얻지 못하면 연방이 와해되어 미국은 마침내 독립을 상실하게 되리라고 믿었다. 이에 맞서 반연방주의자는 헌법을 통한 국가주권의 창출은 13개 '나라'들의 말살과 개인의 자유의 상실을 의미한다고 주장했다. 연방주의자와 반연방주의자의 이처럼 심각한 입장 차이는 공화주의 미국에서의 '나라'권력의 적절한 한계 및 연방의 성격에 대한 그들의 견해 차이에서 비롯된 것이었다.

연방주의자와 반연방주의자가 헌법을 비준하는 과정에서

벌인 논쟁을 보면 그들이 헌법을 제정하는 과정에서 내린 결정이 얼마나 중요하면서도 어려운 것이었는가를 새삼 깨닫게된다. 헌법의 제정은 그들 모두가 두려워 마지않던, 거대한 권력을 가진 새로운 중앙정부를 만들어내는 작업이었으니 반연방주의자의 우려는 너무도 당연한 것이었다. 미국인들이 혁명을 통해서 가까스로 결별했던 영국의 권력체계 대신에 또다시거대한 정부를 건설한다는 것은 미국혁명의 방향을 역전시키는 것처럼 보였다. 헌법에 의해 수립될 강력한 중앙정부는 그전에 아메리카 식민지에 대해서 영국정부가 그랬듯이, 자의적이고 절대적인 권력을 행사할 수도 있었으니 말이다. 하지만반연방주의자의 우려와는 달리 헌법은 결코 그런 결과를 가져오지 않았다. 개인을 국가의 권력으로부터 해방시킨다는 미국혁명 초기의 원칙은 헌법의 새로운 제도 속에도 그대로 구현되어 있기 때문이다. 그리고 이 원칙은 오늘날에도 살아 있다.[45] 미국 헌법은 그야말로 미국혁명의 완성인 것이다.

용어해설

'나라(state)'

'나라'는 연방 헌법이 비준되어 새 정부가 출범하기 이전의 'state'를 가리킨다. 헌법제정 당시의 연합(the Confederation)은 개별국가나 다름없는 13개 'state'의 모임이었으므로 'state'는 국가로 새기는 것이 원래의 뜻에 가까울 것이다. 그런데 'nation'의 역어(譯語) 역시 국가 또는 단일국가이기에 어의(語義)의 혼란을 피하기 위해서 이 책에서는 'state'를 인용부호를 사용하여 '나라'로 새겼다. 참고로 덧붙이자면 이보형 명예교수와 배영수 교수는 연방에 주(州)로 편입되기 이전의 'state'를 각각 '나라'와 방가(邦家)로 새겼다. 이보형, 『미국사개설』, 일조각, 1976, 1997. B. Bailyn, *The Ideological Origins of the American Revolution*, 1967(1992). 배영수 옮김, 『미국 혁명의 이데올로기적 기원』, 새물결, 1999.

월폴(Sir Robert Walpole, 1676~1745)

영국의 정치가. 1701년부터 1742년까지 휘그당 하원의원을 지냈다. 특히 1721년부터 그가 정계를 은퇴한 1742년까지는 총리 겸 재무장관을 지냈다. 조지 1세와 2세 두 왕 밑에서 정치를 주도하면서 정파 간의 다툼과 대립을 없애려고 노력했으나, 그 과정에서 영국 정치를 엄청나게 부패시키는 결과를 가져왔다. 대내적으로는 산업의 발달을 촉진함으로써 국가의 부(富)를 늘렸으며, 대외적으로는 평화외교를 펼쳤다. 영국 헌정사상 처음으로 내각책임제를 창시하였으며, 영국 총리의 원조(元祖)라는 평을 받고 있다.

커먼웰스맨(the Commonwealthmen)

월폴이 영국의 정치를 좌우하던 18세기 전반기에 월폴의 정치에 대해 반기를 들었던 소위 반정부 논객(論客)들을 가리키는 용어로, 존 트렌차드(John Trenchard), 토마스 고든(Thomas Gordon),

볼링브로우크(Bolingbroke) 자작 등이 대표적인 인물이다. 이들 일군의 논객들은 도시공동체적 인문주의에 의지해서, 부패한 의회제도에 대해, 그리고 그로 인해 개인의 자유가 위험에 처하게 된 것에 대해 거세게 비판하는 글을 저술했으나 영국 내에서는 그리 큰 반향을 불러일으키지 못했다.

『연방주의자』

알렉산더 해밀턴(Alexander Hamilton), 제임스 매디슨(James Madison), 존 제이(John Jay)가 헌법을 옹호하기 위해 쓴 논설집. 헌법에 대한 반대가 급속히 확산되자 1787년 10월부터 해밀턴은 존 제이와 함께 '푸블리우스(Publius)'라는 필명으로 뉴욕의 주민들에게 보내는, 헌법을 옹호하는 논설을 신문에 게재하기 시작했다. 하지만 얼마 뒤 존 제이가 병이 나서 집필이 불가능해지자, 비록 뉴욕 출신은 아니었으나 매디슨이 존 제이를 대신해서 해밀턴과 함께 논설을 계속 집필했다. 이들은 자신들이 쓴, 헌법을 옹호하는 논설 85편을 한데 묶어 1788년에 '연방주의자(The Federalist)'라는 제목으로 출간했다. 이 논설집은 흔히 'The Federalist Papers'라고도 불린다. 이 책은 미국 헌법에 관한 가장 권위 있는 논평인 동시에, 미국 정치철학에 대한 가장 중요한 기여라는 평을 받고 있으며 오늘날에도 널리 읽히고 있다.

연합헌장(Articles of Confederation)

독립전쟁중이던 1781년에 13개 공화국이 채택한 신생국 미국의 기본법. 13개 공화국은 이 연합헌장을 비준함으로써 하나의 느슨한 국가형태, 즉 연합(the Confederation)을 이루었다. 아메리카합중국(the United States of America)으로 불리는 이 연합에서 13개의 공화국은 각기 국가로서의 주권을 그대로 가지고 있는, 문자 그대로 '나라(state)'들이었다. 연합의 의결기관인 연합회의에서 각 '나라'는 크기에 관계없이 모두 한 표씩 투표권을 행사했다. 의결을 위해서는 13개 '나라'의 3분의 2에 해당하는 9개 '나라'의 찬성이 필요했고, 또한 연합헌장을 개정하기 위해서는 13개 '나라' 모두의 찬성이 필요했다. 연합회의는 외교와 국방에 대한 권한만 가졌을 뿐, 과세권과 통상규제권이 없어 연합은

국가로서의 기능을 제대로 하지 못했다. 결국 이 연합헌장은 발효된 지 8년 만인 1789년에 헌법으로 대치되었다.

필라델피아 제헌회의(Philadelphia Constitutional Convention)

1787년에 13개 '나라'의 대표들이 모여 헌법을 제정한 회의(Convention). 1785년에 경제불황이 미국 전역을 휩쓸자, 몇몇 '나라'들은 쏟아져 들어오는 영국상품을 차별하기 위한 독자행동을 시도했으나 이 방안은 이웃 '나라'들의 경쟁적인 행태로 인해 좌절되고 말았다. 이처럼 '통상의 무정부 상태'가 계속되는데도 불구하고, 통상규제권이 없는 연합회의는 아무런 역할도 하지 못했다. 1786년 9월, 아나폴리스(Annapolis)에서 개최될 예정이던 '나라' 간 통상회의는 대표를 보낸 '나라'가 몇 안 되어 무산되고 말았으나, 그곳에 모인 10여 명의 대표들은 알렉산더 해밀턴의 제안을 받아들여 1787년 5월 둘째 월요일에 필라델피아에서 만나 연합체제의 구성상의 모든 결함을 고려할 대표의 임명을 각 '나라'에 촉구하기로 했다. 이 제2의 회의(Convention)는 예정대로 1787년 5월 말에 필라델피아에서 개최되었고, 약 3개월간의 회의 끝에 여기에서 연합헌장을 대치할 헌법이 제정되었다. 제헌회의에서 헌법이 제정되는 데는 제임스 매디슨의 공로가 컸는데, 그는 일찍부터 헌법안을 준비해서, 회의가 개최되자마자 '버지니아안(Virginia Plan)'이라는 이름으로 제출했고, 이것이 헌법의 토대가 되었다.

패트릭 헨리(Patrick Henry, 1736~1799)

버지니아 출신의 미국혁명 지도자. 버지니아 식민지의회 의원으로 1765년부터 인지세법 반대운동에 참가하는 등 미국혁명에 가담했다. 1775년 3월, 버지니아 식민지회의에서 한 연설 가운데 "나에게 자유가 아니면 죽음을 달라"는 구절은 너무도 유명한 것으로, 영국에 대한 무력항쟁의 불가피성을 호소하는 데큰 몫을 했다. 그는 1776부터 1779년까지, 그리고 1784년부터 1786년까지 버지니아 지사(Governor)를 역임하면서 버지니아의 혁명운동을 이끌었다. 하지만 헌법이 제정되고, 헌법을 비준하기 위해 각 '나라'별로 비준회의가 개최되는 과정에서 그는 헌법에 반대하는 버지니아 반연방주의자의 지도자로 나섰다. 매디슨이 이끄는 버지니아의 연방주의자에 맞서, 헨리는 반연방주의자를 이끌고 비준회의에서 열변을 토했으나 논리와 전술에서 연방주의자에게 밀리는 바람에 헌법에 대한 찬성 89표 대 반대 79표라는 근소한 차이로 패배하고 말았다.

제임스 매디슨(James Madison, 1751~1836)

버지니아 출신의 미국 정치가. 제4대 대통령(1809~1817)을 역임했다. 1771년에 뉴저지 대학(오늘날의 프린스턴 대학)을 졸업했고, 1776년부터 정계(政界)에 들어가 버지니아의회 의원, 대륙회의 및 그 후신(後身)인 연합회의 의원 등을 지냈다. 1786년 여름에 '제이의 위기(Jay's Crisis)'를 거치면서 매디슨은 연합이 위기에 처해 있어 혁명적인 조치가 요구된다고 확신하게 되었다. 1786년 9월, 아나폴리스에서 개최될 예정이던 '나라' 간 통상회의에 버지니아 대표로 참석했으나 회의가 무산되자 1787년 5월에 필라델피아에서 개최될 제2차 '나라' 간 회의에서 연합체제의 결함을 바로잡을 수 있으리라는 기대를 가지고 그 준비에 전념했다. 보다 강력한 중앙정부의 수립이 필요하다고 믿게 된 그는 1787년 봄에 이미 기존의 연합을 대체할 새로운 체제를 구상했다. 그의 이 헌정개혁안은 1787년 5월, 필라델피아 회의가 개최되자마자 '버지니아안(Virginia Plan)'이라는 형태로 나타났고, 이 버지니아안을 토대로 헌법이 기초되었다. 이 공로로 그는 '헌법의 아버지(Father of the Constitution)'라고 불린다. 기초된 헌법에 대한 비준을 얻기 위해 각 '나라'에서 비준회의가 진행되는 과정에서 헌법에 대해 반대하는 움직임이 일어나자 그는 알렉산더 해밀턴, 존 제이와 함께 헌법을 옹호하는 논설을 기술했고, 이 논설을 한데 묶어 1788년에『연방주의자 *The Federalist*』라는 책으로 출간했다. 1788년 6월, 고향인 버지니아에서 헌법비준회의가 개최되자 버지니아에서의 헌법비준 과정이 수월하지 않을 것을 우려한 그는 버지니아 비준회의에 참석해서, 버지니아의 헌법 지지세력을 이끌었다. 여기서 그는 버지니아의 원로 정치가이며 헌법에 반대하는 반연방주의자의 지도자, 패트릭 헨리와 맞닥뜨려 힘겨운 싸움을 벌였다. 그 과정에서 매디슨은 먼저 헌법안을 통과시키고 나중에 헌법에 권리장전을 덧붙이기로 하는, 소위 '선(先)비준 후(後)수정'을 제안하여 가까스로 헌법의 비준을 얻어냈다. 이처럼 버지니아를 비롯한 5개 '나라'에서의 헌법비준이 헌법의 수정을 전제로 한 조건부 승리라는 데 주목한 매디슨은 1789년 3월에 헌법에 의해 구성된 새로운 중앙정부가 출범하자 초대 연방의회에서 헌법을 수정하는 데 앞장섰다. 연방주의자와 반연방주의자 모두의 반대를 물리치고 그가 어렵사리 통과시킨 수정안이 1791년 12월에 발효되었는데, 이 헌법수정조항 10개조가 바로 권리장전이다. 이런 의미에서 그를 '헌법의 아버지'보다는 '권리장전의 아버지'라고 부르는 것이 옳다고 주장하는 사람들도 있다. 한때 알렉산더 해밀턴과 손잡고 헌법을 옹호하는 논설을 쓰기도 했던 그는, 초대 워싱턴 행정부의 재무장관으로 입각한 해밀턴의 재정정책이 북부 상공업자의 손에 부(富)를 집중시키는 데 있다고 판단하자 해밀턴에게서 등을 돌렸다. 그는 토머스 제퍼슨과 힘을 합쳐 민주공화파를 결성해서 해밀턴 등 연방파의 정책을 비판하고 공격하는 데 앞장섰다. 1801년에 제퍼슨이 대통령에 취임하자 그 밑에서 국무장관을 지냈으며, 1809년에는 제퍼슨의 후임으로 대통령이 되었다. 대통령 재임시에는 제퍼슨의 외교적 중립정책을 계승했는데도 불구하고 영국과의 전쟁에 말려들어 1812년부터 1815년까지 '제2의 독립전쟁'이라고 불리는 영미전쟁을 치렀다. 정계에서 은퇴한 뒤 말년(1826~1836)에는 버지니아 대학교 총장을 지냈다.

헌법비준회의

제헌회의에서 제안된 헌법은 인민에 의한 선거를 통해 선출된 대표로 구성된 '나라'회의 비준을 받기로 되어 있었다. 헌법을 기초한 사람들이 헌법을 기존의 연합헌장에 따라 '나라'의 회에 의해 비준되도록 하지 않고 이처럼 복잡하게 '나라'회의에서 비준되도록 한 데는 이유가 있다. 연합헌장 13조는 연합헌장에 대한 수정이 13개 '나라'의 '나라'의회 전체에 의해 비준되어야만 유효하도록 규정하고 있었다. 한편 「독립선언서」는 정부의 정당한 권력은 피치자(被治者)의 동의로부터 나온다는 인민주권의 원리를 선언한 바 있었다. 13개 '나라'의회 모두의 비준을 얻는 것이 불가능하다고 여긴 헌법제정자들은 헌법의 실질적 비준을 보장하면서도「독립선언서」및 연합헌장과 양립할 수 있는 헌법비준 절차를 고안해냈다. 그 '나라'마다 그 '나라'의 인민에 의해 선출되는 대표들로 헌법의 비준 여부를 결정할 회의(Convention)를 구성한다는 것이다. 그리고 13개 '나라' 가운데 9개 '나라'회의의 비준을 얻으면 헌법이 확정되도록 했다. 또한 만일 9개 '나라'회의가 헌법을 비준하면 헌법은 그들 9개 '나라'에 대해서만 구속력을 지니도록 규정했다. 즉, 다른 '나라'들의 연방 참여 여부는 그 '나라'들의 자유의사에 맡겨졌다. 1789년 9월, 필라델피아에서 작성된 헌법 초안은 비준을 얻기 위해 13개 '나라'의 의회로 보내졌고 각 '나라'의회는 헌법비준 문제를 다루기 위해 비준회의를 소집했다. 헌법의 비준이 13개 '나라'에서 동시적으로 진행되면서 전국에서 1,700명이 넘는 인원이 대표로 선발되어 비준회의에 참가했다. 비준회의에서는 헌법비준 문제를 둘러싸고 헌법에 대한 찬성자들(연방주의자)과 반대자들(반연방주의자)이 격렬하게 대립했는데, 이들이 대립하는 과정에서 수많은 정치사상과 정치저술이 쏟아져 나왔다. 연설문과 논설 등의 저작물 숫자만도 수만 개가 넘었다. 비준과 관련된 행위자나 이해관계의 수가 워낙 많았으며, 각 '나라'마다 독특한 역사적 배경이 비준 과정에 영향을 미쳤고, 각 '나라'의 독특한 인물들이 비준 과정에 개입했기 때문에 비준의 경로도 '나라'마다 다를 수밖에 없었다. 13개 '나라'는 헌법비준 과정에서 언제, 어디서, 어떻게 비준회의를 개최할 것인지, 어떻게 비준회의 대표를 선출할 것인지 등을 각기 독자적으로 결정하고 행동했으며, 그 과정에서 지역의 저명인사가 중요한 역할을 담당했던 것 또한 사실이다. 이처럼 복잡한 비준과정을 거쳐 마침내 헌법은 비준되었고, 1789년 3월에는 헌법에 따른 새 정부가 출범했다.

알렉산더 해밀턴(Alexander Hamilton, 1755?~1804)

서인도제도 출신의 미국 정치가. 뉴욕의 킹스칼리지(오늘날의 컬럼비아 대학)에서 수학했으며, 독립전쟁 당시 조지 워싱턴 장군의 부관으로 활약했다. 1786년, 아나폴리스 회의가 무산되자 필라델피아 제헌회의의 소집을 제의했으며, 제헌회의에서는 강력한 중앙정부의 수립을 제안했다. 헌법의 비준을 위해 제임스 매디슨, 존 제이와 함께 헌법을 옹호하는 논설을 집필했으며, 이것이 1788년에 『연방주의자 *The Federalist*』로 출판되었다. 영국을 모델로 하는, 상공업 진흥을 통한 강력한 국가의 건설을 꿈꾸던 그는 워싱턴 행정부에서 초대 재무장관을 맡았다. 그는 국가의 신용을 확립하기 위해 독립전쟁 중에 정부가 진 각종 채무를 그대로 인수하고, 중앙은행을 설립했으며, 정부의 세입을 늘리기 위해 물품세를 새로 부과하는 등의 재정정책을 폈는데, 이로 인해 토마스 제퍼슨이 이끄는 민주공화파와 대립하게 되었다. 1800년의 대통령 선거에서 제퍼슨이 대통령에 당선되자 해밀턴의 연방파는 소멸의 길을 걷게 된다.

주

1) 존 애덤스(John Adams)가 토마스 제퍼슨(Thomas Jefferson)에 게 쓴 편지(1815년). Bernard Bailyn, *The Ideological Origins of the American Revolution*, enlarged edition(Harvard University Press, 1992), p.1에서 재인용.

2) Louis Hartz, *The Liberal Tradition in America : An Interpretation of American Political Thought since the Revolution*(New York Harcourt, Bruce & Co., 1955), p.140.

3) Carl L. Becker, *The Declaration of Independence : A Study in the History of Political Ideas*(New York : Random House, l958), pp.27, 79.

4) 정경희, 「혁명기 및 건국초기 미국의 정치사상-공화주의적 수정론과 그 비판을 중심으로」(『미국사연구』 창간호, 1993. 11)에서 공화주의적 수정론과 그에 대한 비판을 상세히 다루고 있다.

5) Robert E. Shalhope, *The Roots of Democracy : American Thought and Culture, 1760~1800*(Boston, 1990), p.43.

6) 황해붕, 「독립혁명기 미국 공화주의의 기본 원리들과 그 변형」(『미국사연구』 창간호, 1993. 11), pp.24-25.

7) Bernard Bailyn, 앞의 책, 2장, 3장.

8) Robert E. Shalhope, "Republicanism and Early American Historiography"(*William and Mary Quarterly,* vol.39, April 1982), p.335. ; Richard K. Matthews, *The Radical Politics of Thomas Jefferson: A Revisionist View*(Lawrence : University Press of Kansas, 1984), p.5.

9) J. G. A. Pocock, "Virtue and Commerce in the Eighteenth Century" (*Journal of Interdisciplinary History,* vol.3, Summer 1972), pp.119-120.

10) J. G. A. Pocock, *The Machiavellian Moment : Florentine Political Thought and the Atlantic Republican Tradition*(Princeton & Oxford : Princeton University Press, 1975), p.548.

11) Daniel T. Rodgers, "Republicanism : the Career of a Concept" (*Journal of American History,* vol.79, June 1992), pp.17-18.

12) Joyce Appleby, *Liberalism and Republicanism in the Historical Imagination* (Harvard University Press, 1992), p.163.

13) Joyce Appleby, 앞의 책, pp.163-164. ; Joyce Appleby, *Capitalism and a New Social Order : The Republican Vision of the 1790s*(New York & London : New York University Press, 1984), pp.50-53.

14) Issac Kramnick, *Republicanism and Bourgeois Radicalism : Political Ideology in Late Eighteenth-Century England and America*(Ithaca & London : Cornell University Press, 1990), pp.168-172.

15) Joyce Appleby, *Liberalism and Republicanism in the Historical Imagination* (Harvard University Press, 1992), p.289.

16) Robert E. Shalhope, "In Search of the Elusive Republic"(*Reviews in American History,* vol.19, Dec. 1991), p.471.

17) Bernard Bailyn, 앞의 책, p.vi.

18) 이보형, 「아메리카혁명과 자유주의」(『미국사연구』 창간호, 1993. 11), pp.9, 12.

19) 정경희, 「미국 헌법 비준논쟁 연구-버지니아 비준회의를 중심으로」(『역사교육』 제81집, 2002. 3, pp.169-195)에서 연방주의자와 반연방주의자의 기본적 입장과 주장이 어떠했는가를 깊이 있게 다루고 있다.

20) 헨리의 1788. 6. 5. 연설, Ralph Ketcham(ed.), *The Anti-Federalist Papers and the Constitutional Convention Debates*(New York, 1986), pp.200-202, 208. ; Bernard Bailyn(ed.), *The Debate on the Constitution : Federalist and Antifederalist Speeches, Articles, and Letters During the Struggle over Ratification,* Part Two(The Library of America, 1993), pp.630-631, 635, 623. (이하 *Debate* II로 약함.)

21) *Debate* II, pp.618-619, 621, 615.

22) 매디슨의 제헌회의 발언, 1787. 6. 6. Max Farrand(ed.), *The Records of the Federal Convention of 1787,* 4vols(Yale University Press, 1966), vol.1, p.134.

23) Jacob E. Cooke(ed.), *The Federalist*(Wesleyan University Press, 1961), 제27편, pp.172-173. (이하 *The Federalist* 27 : 172-173식으로 표기함.)

24) Herbert J. Storing, *Toward a More Perfect Union*(Washington D. C. : The AEI Press, 1995), p.59. 대표적 연방주의자인 매디슨은 지폐

라는 이 '가공(架空)의 화폐'가 사치를 조장하며 통화가치의 하락을 초래한다는 이유로 지폐의 발행을 몹시 반대했다. 매디슨이 제퍼슨에게 보낸 편지, 1786. 8. 12. W. T. Hutchinson & Robert A. Rutland et als., (eds.), *The Papers of James Madison*(University of Chicago Press & University Press of Virginia, 1962), vol.9, p.95에서 재인용.

25) Herbert J. Storing, 앞의 책, p.42.

26) 매디슨의 버지니아 비준회의 연설, 1788. 6. 6. *Debate* II, p.622.

27) *The Federalist* 10 : 56-65.

28) 광역공화국론에 대해서는 정경희, 「미국 헌법 제정에 있어서 제임스 매디슨의 역할」(서울대학교 박사학위논문, 1998), pp.85-104 참조.

29) 찰스 비어드(Charles A. Beard) 이래 몇몇 학자들이 반연방주의자에 대한 긍정적인 해석을 시도했음에도 불구하고 그들의 사상과 주장을 포괄적으로 검토하려는 시도는 1980년대에 이르러서야 처음으로 이루어졌다. Herbert J. Storing(ed.), *The Anti-Federalist : Writings by the Opponents of the Constitution*(Chicago and London : The University of Chicago Press, 1985), pp.1-2. 반연방주의자의 사상과 주장을 포괄적으로 검토하려는 최초의 시도는 Herbert J. Storing & Murray Dry(ed.), *The Complete Anti-Federalist,* 7vols(University of Chicago Press, 1981)이다.

30) Bernard Bailyn, 앞의 책, p.368.

31) 헌법을 미국혁명의 '완성'으로 보는 해석으로는 Jack P. Greene, *Reinterpretation of the American Revolution, 1763~1789*(New York, 1968), p.72. ; Bernard Bailyn, 앞의 책, p.321; Ralph Ketcham, *James Madison : A Biography*(New York, 1971), p.582 등이 있다.

32) Gordon S. Wood, *The Creation of the American Republic, 1776~1787* (Chapel Hill, N. C., 1969), pp.475, 429. (이하 *Creation*으로 약함.)

33) 정경희, 「미국 헌법의 제정과 미덕-고든 우드의 해석에 대한 비판을 중심으로」(『역사교육』 제76집, 2000. 12)에서 헌법제정기 미덕의 문제를 상세하게 다루고 있다.

34) *The Federalist* 51 : 349. 원문은 다음과 같다. "……정부가 인간의 본성을 반영한 모든 것들 가운데 가장 위대한 것이 아니고 무엇이란 말인가?"

35) 버넌 패링턴, 루이 하츠, 로버트 달 등이 그 대표적 학자이다. 이들은 매디슨의 사상을 해석함에 있어 상당한 차이를 보이고 있으나, 매디슨이 인간 본성에 대해 홉스적 개념을 지니고 있다는 데에는 모두 동의한다. Joseph F. Kobylka & Bradley Kent Carter, "Madison, *The Federalist*, & the Constitutional Order : Human Nature & Institutional Structure"(*Polity,* Vol.20, No.2, Winter 1987), pp.191-193.

36) 윌즈는 매디슨이 홉스가 아니라 스코틀랜드 계몽사상, 그 중에서도 데이비드 흄의 영향을 받았다고 주장하였다. Kobylka & Carter, 앞의 논문, p.194.

37) *The Federalist* 55 : 378.

38) *The Federalist* 10 : 58-59. 괄호 안은 필자.

39) Gordon S. Wood, "Interests and Disinterestedness in the Making of the Constitution"(*Beyond Confederation : Origins of the Constitution and American National Identity* (eds.) by Richard Beeman et al., University of North Carolina Press, 1987), pp.81-82, 84-85. ; Gordon S. Wood, *Creation*, pp.93, 429.

40) Gordon S. Wood, "Interests and Disinterestedness in the Making of the Constitution" pp.83-85, 91-92.

41) *The Federalist* 10 : 62-64.

42) *The Papers of James Madison*, vol.11, p.163.

43) *The Federalist* 57 : 384.

44) *The Papers of James Madison*, vol.11, p.163.

45) Bernard Bailyn, 앞의 책, pp.vii-viii.

참고문헌

이보형, 「아메리카혁명과 자유주의」『미국사연구』 창간호, 1993. 11.

정경희, 『중도의 정치 : 미국 헌법 제정사』, 서울대학교출판부, 2001.

Appleby, Joyce, *Capitalism and a New Social Order : The Republican Vision of the* 1790s, New York & London : New York University Press, 1984.

_____, *Liberalism and Republicanism in the Historical Imagination,* Cambridge, Mass. & London : Harvard University Press, 1992.

Bailyn, Bernard, *The Ideological Origins of the American Revolution*, enlarged edition, Harvard University Press, 1992. 배영수 옮김, 『미국 혁명의 이데올로기적 기원』, 새물결, 1999.

Ball, Terence and Pocock, J. G. A. ed., *Conceptual Change and the Constitution,* University Press of Kansas, 1988.

Banning, Lance, *The Sacred Fire of Liberty : James Madison and the Founding of the Federal Republic,* Cornell University Press, 1995.

Beeman, Richard et al. eds., *Beyond Confederation : Origins of the Constitution and American National Identity,* University of North Carolina Press, 1987.

Berkin, Carol, *A Brilliant Solution : Inventing the American Constitution,* New York : Harcourt, Inc., 2002.

Diggins, John P., *The Lost Soul of American Politics : Virtue, Self-Interest, and the Foundation of Liberalism,* New York : Basic Books, 1984.

Gillespie, Michael Allen and Michael Lienesch eds., *Ratifying the Constitution,* University Press of Kansas, 1989.

Kramnick, Isaac, *Republicanism and Bourgeois Radicalism : Political Ideology in Late Eighteenth-Century England and America,* Ithaca &

London : Cornell University Press, 1990.

Pangle, Thomas L., *The Spirit of Modern Republicanism : The Moral Vision of the American Founders and the Philosophy of Locke,* Chicago, 1988.

Pocock, J. G. A., *Politics, Languages and Time: Essays on Political Thought and History,* New York : Atheneum, 1971.

_____, *The Machiavellian Moment: Florentine Political Thought and the Atlantic Republican Tradition,* Princeton & Oxford : Princeton University Press, 1975.

Shalhope, Robert E., "Toward a Republican Synthesis: The Emergence of Understanding of Republicanism in American Historiography", *William and Mary Quarterly* 29, Jan. l972)

Storing, Herbert J., *Toward a More Perfect Union,* Washington, D. C. : The AEI Press, 1995.

_____, *What the Anti-Federalist Were For,* University of Chicago Press, 1981.

Thurow Sarah Baumgartner, ed., *To Secure the Blessings of Liberty : First Principles of the Constitution,* University Press of America, 1988.

Wills, Gary, *Explaining America* : The Federalist, Garden City, New York, 1981.

Wood, Gordon S., *The Creation of the American Republic, 1776~1787,* Chapel Hill, N. C., 1969.

_____, *The Radicalism of the American Revolution,* New York, 1993.

_____, *The American Revolution : A History*, New York : The Modern Library, 2002.

미국을 만든 사상들

펴낸날	초판 1쇄 2004년 4월 15일
	초판 4쇄 2015년 3월 12일

지은이	정경희
펴낸이	심만수
펴낸곳	(주)살림출판사
출판등록	1989년 11월 1일 제9-210호

주소	경기도 파주시 광인사길 30
전화	031-955-1350 팩스 031-624-1356
기획 · 편집	031-955-4671
홈페이지	http://www.sallimbooks.com
이메일	book@sallimbooks.com

ISBN	978-89-522-0215-4 04080

089 커피 이야기   eBook

김성윤(조선일보 기자)

커피는 일상을 영위하는 데 꼭 필요한 현대인의 생필품이 되어 버렸다. 중독성 있는 향, 마실수록 감미로운 쓴맛, 각성효과, 마음의 평화까지 제공하는 커피. 이 책에서 저자는 커피의 발견에 얽힌 이야기를 통해 그 기원을 설명한다. 커피의 문화사뿐만 아니라 커피에 대한 일반적인 정보 및 오해에 대해서도 쉽고 재미있게 소개한다.

021 색채의 상징, 색채의 심리

박영수(테마역사문화연구원 원장)

색채의 상징을 과학적으로 설명한 책. 색채의 이면에 숨어 있는 과학적 원리를 깨우쳐 주고 색채가 인간의 심리에 어떤 작용을 하는지를 여러 가지 분야의 사례를 통해 설명한다. 저자는 색에는 나름대로의 독특한 상징이 숨어 있으며, 성격에 따라 선호하는 색채도 다르다고 말한다.

001 미국의 좌파와 우파   eBook

이주영(건국대 사학과 명예교수)

진보와 보수 세력의 변천사를 통해 미국의 정치와 사회 그리고 문화가 어떻게 형성되고 변해왔는지를 추적한 책. 건국 초기의 자유방임주의가 경제위기의 상황에서 진보-좌파 세력의 득세로 이어진 과정, 민주당과 공화당의 대립과 갈등, '제2의 미국혁명'으로 일컬어지는 극우파의 성장 배경 등이 자연스럽게 서술된다.

002 미국의 정체성 10가지 코드로 미국을 말하다   eBook

김형인(한국외대 연구교수)

개인주의, 자유의 예찬, 평등주의, 법치주의, 다문화주의, 청교도 정신, 개척 정신, 실용주의, 과학 · 기술에 대한 신뢰, 미래지향성과 직설적 표현 등 10가지 코드를 통해 미국인의 정체성과 신념을 추적한 책. 미국인의 가치관과 정신이 어떠한 과정을 통해서 형성되고 변천되어 왔는지를 보여 준다.

058 중국의 문화코드

강진석(한국외대 연구교수)

중국의 핵심적인 문화코드를 통해 중국인의 과거와 현재, 문명의 형성 배경과 다양한 문화 양상을 조명한 책. 이 책은 중국인의 대표적인 기질이 어떠한 역사적 맥락에서 형성되었는지 주목한다. 또한, 구체적이고 실제적인 여러 사물과 사례를 중심으로 중국인의 사유방식에 대해 설명해 주고 있다.

057 중국의 정체성　　eBook

강준영(한국외대 중국어과 교수)

중국, 중국인을 우리는 과연 어떻게 이해해야 하나? 우리 겨레의 역사와 직 · 간접적으로 끊임없이 영향을 주고받은 중국, 그러면서도 아직까지 그들의 속내를 자신 있게 말할 수 없는, 한편으로는 신비스럽고, 한편으로는 종잡을 수 없는 중국인에 대한 정체성을 명쾌하게 정리한 책.

015 오리엔탈리즘의 역사　　eBook

정진농(부산대 영문과 교수)

동양인에 대한 서양인의 오만한 사고와 의식에 준엄한 항의를 했던 에드워드 사이드의 오리엔탈리즘. 이 책은 에드워드 사이드의 이론 해설에 머무르지 않고 진정한 오리엔탈리즘의 출발점과 그 과정, 그리고 현재와 미래의 조망까지 아우른다. 또한 오리엔탈리즘이 사이드가 발굴해 낸 새로운 개념이 결코 아님을 역설한다.

186 일본의 정체성　　eBook

김필동(세명대 일어일문학과 교수)

일본인의 의식세계와 오늘의 일본을 만든 정신과 문화 등을 소개한 책. 일본인을 지배하는 이데올로기는 무엇이고 어떤 특징을 가지는지, 일본을 주목해야 하는 이유는 무엇인지 등이 서술된다. 일본인 행동양식의 특징과 토착적인 사상, 일본사회의 문화적 전통의 실체에 대한 분석을 통해 일본의 정체성을 체계적으로 살펴보고 있다.

261 노블레스 오블리주 세상을 비추는 기부의 역사

예종석(한양대 경영학과 교수)

프랑스어로 '높은 사회적 신분에 상응하는 도덕적 의무'를 뜻하는 노블레스 오블리주. 고대 그리스부터 현대까지 이어지고 있는 노블레스 오블리주의 역사 및 미국과 우리나라의 기부 문화를 살펴보고, 새로운 시대정신으로 노블레스 오블리주를 부활시킬 수 있는 가능성을 모색해 본다.

396 치명적인 금융위기, 왜 유독 대한민국인가 eBook

오현규(한국경제신문 논설위원)

이 책은 전 세계적인 금융 리스크의 증가 현상을 살펴보는 동시에 유달리 위기에 취약한 대한민국 경제의 문제를 진단한다. 금융안정망 구축 방안과 같은 실용적인 경제정책에서부터 개개인이 기억해야 할 대비법까지 제시해 주는 이 책을 통해 현대사회의 뉴노멀이 되어 버린 금융위기에서 살아남는 방법을 확인해 보자.

400 불안사회 대한민국, 복지가 해답인가 eBook

신광영(중앙대 사회학과 교수)

대한민국 사회의 미래를 위해서 복지는 선택이 아니라 필수라고 말하는 책. 이를 위해 경제 위기, 사회해체, 저출산 고령화, 공동체 붕괴 등 불안사회 대한민국이 안고 있는 수많은 리스크를 진단한다. 저자는 사회적 위험에 대응하기 위한 복지 제도야말로 국민 모두의 삶의 질을 높일 수 있는 길이라는 것을 역설한다.

380 기후변화 이야기 eBook

이유진(녹색연합 기후에너지 정책위원)

이 책은 기후변화라는 위기의 시대를 살면서 우리가 알아야 할 기본지식을 소개한다. 저자는 기후변화와 관련된 핵심 쟁점들을 모두 정리하는 동시에 우리가 행동해야 할 실천적인 대안을 제시한다. 이를 통해 독자들은 기후변화 시대를 사는 우리가 무엇을 해야 할 것인지에 대하여 생각해 볼 수 있을 것이다.

eBook 표시가 되어있는 도서는 전자책으로 구매가 가능합니다.

(주)살림출판사
www.sallimbooks.com
주소 경기도 파주시 문발동 522-1 | 전화 031-955-1350 | 팩스 031-955-1355